儿童提问，
艾尔伯特叔叔回答

[英]罗素·斯坦纳德 / 著　其星 / 译

图书在版编目（CIP）数据

儿童提问，艾尔伯特叔叔回答 /（英）罗素·斯坦纳德著；其星译. -- 武汉：长江文艺出版社，2024.1
ISBN 978-7-5702-3180-5

Ⅰ.①儿… Ⅱ.①罗… ②其… Ⅲ.①科学知识—少儿读物 Ⅳ.①Z228.1

中国国家版本馆 CIP 数据核字(2023)第 115128 号

儿童提问，艾尔伯特叔叔回答
ERTONG TIWEN, AIERBOTE SHUSHU HUIDA

责任编辑：黄柳依	责任校对：毛季慧
封面设计：格林图书	责任印制：邱 莉　胡丽平

出版：长江出版传媒　长江文艺出版社
地址：武汉市雄楚大街 268 号　　邮编：430070
发行：长江文艺出版社
http://www.cjlap.com
印刷：武汉市首壹印务有限公司

开本：880 毫米×1230 毫米　　1/32　　印张：5.75
版次：2024 年 1 月第 1 版　　2024 年 1 月第 1 次印刷
字数：96 千字

定价：32.00 元

版权所有，盗版必究（举报电话：027—87679308　87679310）
（图书出现印装问题，本社负责调换）

目 录
Contents

物质以及它们的性质 / 1

太阳 / 16

行星 / 25

地球 / 34

月亮 / 50

星星 / 56

宇宙 / 68

引力 / 84

太空旅行 / 94

黑洞 / 101

时间 / 108

力和运动 / 117

电和磁 / 128

光／134

声音／143

电视和电脑／145

生命的过程／149

人类／155

动物／167

第 100 又 $\frac{1}{2}$ 个问题／177

物质以及它们的性质

问题 1
原子是由什么组成的？

林（8岁）

一切物质都是由原子构成的。让我们以葡萄柚为例。你把它切成两半，然后你继续切。想象一下，如果你这样切27次，你会得到什么？一个原子厚度的薄片。继续切这块薄片，你最终就能得到一个原子。一块小到不值得品尝的葡萄柚？不。这甚至不是葡萄柚。（我说"想象"这样做的意思是，因为你需要一把非常锋利的刀来做这件事，可是并没有那么锋利的刀——如果它们那样锋利，就会非常危险，无论如何你都不应该玩那么锋利的刀。）

原子是构成世界的基本要素。动物、泥土、房子、足球、衣服、你坐的椅子、你正在阅读的这页纸——它们都是由粘在一起的原子组成的。

我喜欢把世界想象成一个巨大的乐高乐园！当你把一辆乐高汽车模型拆开时，你最终得到的不是一辆更小的汽车；你最终会得到独立的积木——有凸起和凹槽的积木。乐高套装的价格越贵，你能获得的积木种类就越多。有些方块很小，只有一个凸起；有的大一点，有两个凸起，还有的有四个、六个，等等。这个世界是由 92 种不同的积木或原子构成的"乐高套装"组合而成的。

"原子"这个词的意思是"不能切割的东西"，所以，你不能把一个原子切成两半。

人们过去都是这么想的。但现在我们知道这不是真的。当你把一个原子拆成碎片时，你会发现，在最中心的地方，有一个小球。它被称为原子核。围绕原子核的是更小的球，它们被称为电子。事实上，电子是如此之小，它们可能根本没有任何体积。它们围绕原子核嗡嗡作响，就像蜜蜂围绕着蜂巢一样。

为什么电子会靠近它们的原子核？这都归功于一种

名为电荷的东西。它存在着两种形式：由原子核携带的正电荷和电子携带的负电荷。正电荷和负电荷相互拉扯；它们喜欢待在一起。正是这个来自原子核的电力阻止了电子的游离。

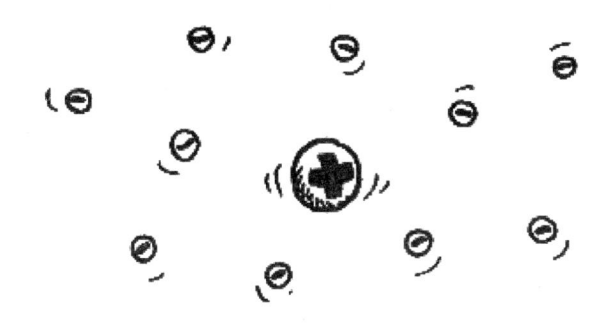

原子大部分是空的。如果你把它想象成有一个机场那么大，那么原子核不会比跑道上的高尔夫球更大。至于电子，它们会比豌豆还小，在机场外面嗖嗖地旋转。所以，下次你妈妈说你不能再吃第二份油腻的布丁时，你可以试着告诉她："但是，妈妈，艾尔伯特叔叔说：'原子大部分是空的。'"（谁知道呢，也许会成功。）

是什么让这 92 个原子彼此不同？有两点。首先，它们有不同大小的原子核。其次，它们有不同数量的电子。最轻的原子只有一个电子（就像最小块的乐高积木只有一个凸起）；下一个有 2 个电子，再下一个有 3 个……一直增多，直到最重的原子——它有 92 个电子，也许你已经猜到了。

当原子被放在一起时，电子围绕它们的原子核重新自我排列，从而使原子黏在一起。电子自我重新排列的方式，就像乐高积木上的凸起和凹槽彼此契合一样。就像你可以用同一组乐高积木创造出各种各样的东西——玩具拖拉机、轮船、房子等等——世界上的一切都可以用同样的 92 种原子构造出来。你要做的仅仅只是把这些碎片用不同的方式排列起来。你不觉得这很棒吗？

问题 2

我对原子很感兴趣，也读过很多关于原子的书，但还是没有弄清楚原子核是由什么构成的。

克里斯托弗·卢埃林

一个原子的原子核是由两种粒子组成的：中子和质子。除了质子带正电荷而中子不带电，它们是非常相似的。我们说中子是电中性的，这就是它名字的由来。在对上一个问题的回答中，我们提到原子核带有正电荷；现在我们知道这是因为它的质子带电荷。

因为中子和质子，原子核看起来有点像树莓。

这就是我们对原子核所知的一切吗？既然已经发现它是由中子和质子组成的，那么下一个问题就很明显了：中子和质子是由什么组成的？答案是夸克。这些是如此之小，以至于它们似乎没有大小。每个中子和质子都是由三个夸克组成的，夸克在彼此周围嗡嗡作响。所以我们有一个紧密的夸克群组成了原子核，在原子核外，有一个松散的电子群，这样一起组成了原子。

问题 3

如果你能抓住一个电子，那么你应该能够一次又一次不断地切割它。这种想法是正确的吗？

克里斯多夫·马丁（10岁）

之前我说过电子是非常非常小的。事实上，我们认为它们根本没有大小——就像夸克一样。如果它们没有尺寸，你就不能切割它们。如果你不能切割它们，那么认为它们是由更小的部分组成这个想法就没任何意义了；显然没有比"完全没有尺寸"更小的东西了。

我认为这是件好事。毕竟，我们已经知道了一切都是由原子组成的，原子是由电子和一个原子核组成的，原子核是由中子和质子组成的，而中子和质子是由夸克组成的。如果我们确实发现夸克和电子是由其他物质构成的，那么你就会想知道它们是由什么构成的，以此类推。这种情况可能会永远持续下去——我们就没有空间再问更多的问题了！

问题 4
我的四口之家是由多少个原子组成的？
莎拉（11 岁）

10^{29}！（前提是你的父母不太胖。）

这是因为原子非常非常小。

这么大的数字意味着什么？想象一下建一座沙堡。你的城堡大到不仅能覆盖整个海滩，还能覆盖整个英国的每一寸土地。这还不是全部：这座城堡将高达 10,000 英里[①]！构建

---
① 1 英里 ≈ 1.6 千米——译者注

你的大城堡的沙子的数量大概与构成你家所有人的原子的数量一样多。

现在你会问："他怎么知道的？"显然，我没有建造那样的沙堡。但我确实数了几粒沙子。我拿了一茶匙沙子，倒在厨房里，将它散开，拿起一把刀，把沙子分成两堆。然后我又把其中一堆散开，之后将它分成两半。然后我把其中一堆散开后又分成两部分，不断重复这样做，一直到最后，只剩下很小很小的一堆沙子。然后我拿出一个放大镜，数了数最小的那堆里有多少粒沙子。我把那个数量乘以 2，然后再乘以 2，然后继续乘以 2……一直乘到和我分沙子的次数一样多。这样我就能知道一茶匙沙子里有多少粒沙子。接下来，我就能算出我需要舀多少茶匙才能舀出和构成你家人口的原子数量相同的沙粒——这样我就知道沙堡有多大了。

在那之后，我因为把厨房弄得一团糟而惹上了麻烦！

问题5
假期里，当我在海里练习冲浪时，我总是从冲浪板上掉到海里。这让我想知道为什么海水会让我变湿？

米兰达·马什（9岁）

原子以不同的组合方式结合在一起形成分子。不同的分子组成不同的物质。例如，一滴水由许多水分子组成。每个水分子由2个氢原子和1个氧原子组成。你看不到单个的分子，因为，正如我在问题4中回答莎拉的，原子非常小。

分子中的原子相互紧紧地结合在一起构成分子，不仅如此，当许多分子聚集在一起时，就像在一滴水中发生的那样，每个分子都轻轻地拉着相邻的分子。当这种情况发生时，分子们都尽可能想要靠近对方，想要实现这个目标的最佳方式就是聚在一起，形成圆圆的一滴水。这有点像橄榄球运动员都试图抢到同一个球，最终他们堆在一起，在地上摞了起来。因为水分子之间的作用力，水滴最终变成了圆形。

这些分子不仅相互拉扯，还能拉近它们接触到的任何表面上的分子——无论是窗户玻璃上的雨水，还是你从冲浪板上掉下来时接触到的海水。当我们说"水是湿的"，我们只是指水分子用力拉玻璃或皮肤表面的分子。它们粘在表面上。对于其他种类的液体就不是这样了。水银的分子——你在温度计中得到的银色物质——相互之间的拉力比它们对玻璃管内壁分子的拉力大得多。这就是为什么它们不会弄湿管子的内壁。

别担心从冲浪板上掉下来。我认为任何能花时间在这些事情上的人都是非常聪明的！此外，你很快又会变干的。这是因为振动的水分子最终逃脱了它们周围分子的引力，飘走了。这时，我们说水已经"蒸发"了。

问题 6

如果你需要呼吸氧气，那么二氧化碳里也有氧，为什么不能呼吸二氧化碳？如果氧是 O，二氧化碳是 CO_2，那它还是两倍的氧呢。

克里斯托弗·帕克（8 岁）

这是个很棒的问题。事实上，我刚刚告诉了米兰达水分子是如何由 2 个氢原子和 1 个氧原子组成的。氢气非常危险，它很容易着火。至于氧气，火需要氧气才能燃烧。然而水（H_2O）却能灭火！这一切都令人费解。让我来解释一下：

在正常情况下，一个原子的电子是靠近原子核的。那么，当第二个原子带着自己的原子核和电子群出现时会发生什么呢？在某些情况下，第一个原子的电子与原子核紧密结合，以至于完全忽略了第二个原子。这就是氩气的情况。相当冷淡。对于其他原子就不是这样了。尽管它们内部的电子与原子核紧密结合，但它们的外层还有一些松散的电子。当第二个原子出现时，松散的电子可以部分地附着在第二个原子的原子核上。如果第二个原子的电子以特殊的方式排列，使得第一个原子的松散电子可以非常接近它们的原子核时，发生的情况尤其如此。事实上，来自两个原子的电子它们自己可以重新排列，从而使两个原子黏合在一起形成一个分子。

现在，如果第三个原子出现会发生什么？视情况而定。这个已经形成的分子外面还会有游离电子吗？它重新排列的 235 电子是否能让属于第三个原子的松散电子靠近它的原子核？如果是这样，这三个原子可能会形成一个更大的分子；如果不是这样，分子就会变得冷漠——尽管构成分子的单个原子一点也不冷漠。第二种情况有点像一个男孩和一个女孩，他们通常都很外向和友好。但有一天，他们两个相遇了，并成了非常要好的朋友。从那以后，他们总是一起出去，对其他人都不感兴趣。

这就是二氧化碳发生的情况。两个氧原子紧密地连在碳原子上，它们不想和其他任何东西有任何联系。所以它们不再参与单个氧原子通常会进行的一切活动。就帮助我们人类呼吸而言，它们现在是无用的。水里的氢原子和氧原子情况也是如此。在通常情况下，这些原子如此渴望与其他原子结合，以至于它们可能是危险的，甚至会引起火灾。但在水分子中它们已经连接起来了；它们紧紧地依附在一起，它们的行为表现完全改变了。

问题 7

为什么雪是白色的？为什么雪这么冷？为什么雪像棉花一样柔软？为什么有雪人？

艾　米

正如我刚刚告诉米兰达的那样，水分子到处晃荡。它们互相拉着对方，但同时，因为它们不能一动不动地坐着，它们不会停留在同一个地方，而是滑来滑去，滑到对方下面或周围。这就是为什么搅拌液体是一件容易的事情。但随着液体温度的降低，随意晃动就会减少。突然间，当液体结冰时，每个分子都停留在原地，依附在固定的相邻分子上。

这有点像抢椅子的游戏。当音乐响起时，每个人都在走动。一旦音乐停止，一切都改变了：你抓住最近的椅子，稳稳地坐上去，你拼命地护住椅子，不让它被抢走。

当温度降到液体的"凝固点"以下时，就会发生这种情况。突然间，这些分子相互锁定，紧紧地抓住彼此不放。此时，水变成了冰，或者雨滴变成了雪。

在我们自己的抢椅子游戏中，规则是一个人一把椅子。如果你抢了一把椅子，而某些人只是晚了一小会儿——这对他们来说太糟糕了。但在分子版的这种游戏中，坐在大腿上也没有问题。这是游戏的一部分。如果我们玩他们的版本，那么有人会坐在你的大腿上，然后另一个人会坐在别人的大腿上……最后，你会看到一长排人都坐在彼此的大腿上。同样的事情也发生在你的两边；有好几排人坐在彼此的大腿上。每种坐法都可能是不同的，这取决于每个人坐的时候是面朝左，还是面朝右，还是笔直坐着。

我们就是这样获得雪的。这些分子以一种有规律的方式相互吸附形成晶体。因为分子间相互吸附的方式都是特殊的，所以，所有美丽晶体彼此之间的形状都有细微的差别。

这就回答了你的一个问题：雪是冷的，因为如果它不是冷的，它就不是雪——分子会剧烈振动，就会形成液体；你会得到水。

为什么雪是白色的？正如我们所见，雪是由微小的冰晶构成的。它们是固体，有很多微小的表面。它们反射阳光，就像阳光在窗户玻璃上反射一样。在一个阳光明媚的早晨，白色可能是令人眼花缭乱的，就像从一扇窗户反射的光可以使你眼花缭乱一样。

为什么雪像棉花一样柔软？雪的晶体是由冰组成的，固态的冰是硬的。但是雪晶都散开了，长着又长又细的尖刺，它们之间有很大的距离。所以，我们能很容易地把它们压在一起，把冰晶压得更紧——这就像你收集一些雪，把它压扁，使之变成一个更小、更硬的雪球。

至于是谁堆了第一个雪人，我猜是第一个一觉醒来发现雪下了一夜的那个孩子。

问题 8
云是由什么组成的？为什么它们粘在一起？
波利·格拉斯

让我们从阵雨后留下的水坑开始。太阳一出来，水就变暖了。它的分子到处晃荡。有些移动得非常快，它们能躲过其他同类的拉力。它们漂移到组成空气的那些分子中。通常我们看不到它们，因为一个分子非常非常地小。如果它们撞到另一个分子，它们会相互反弹开来；它们始终保持单个分子的状态。

现在，地面附近的空气比高空的温暖。太阳光线使地面升温，地面又使周围的空气升温。你可能听过"热空气上升"这种说法，这是因为热空气中的分子四处奔跑，疯狂地将其他分子撞开，所以它们更倾向于分散开来。如果空气较冷，分子的移动就会更平缓；它们可以依偎在一起而不会被撞飞。这意味着如果空气是热的，一个充满空气的盒子里的分子会更少；如果空气冷的话会更多。这就意味着一盒子热空气要比同样一盒子冷空气轻一些。这就是热气球的工作原理。气球内部的热空气比周围的冷空气密度小，所以气球会上升。

所以，就像我说的，从水坑中蒸发的水分子进入附近地面的空气中，它就上升了。当它这样做的时候，它冷却了。现在分子的振动变弱了。它们不会那么猛烈地互相碰撞，现在它们可以粘在一起了。最开始时，我们有一个小水滴。最终，水滴变得足够大，大到能够被看到。在空气足够冷的地方，一切就这样进行着，所以我们有很多水滴。这就是云：它是水滴的集合。

实际上，让一滴水开始变大并不像我说的那么简单。如果空气中有灰尘，会更有利于云层的形成。最开始，水分子粘在灰尘颗粒上，只有在水滴长大一点之后，它们才开始互相粘在一起。

至于是什么将云朵聚集在一起，这不是问题。云的形状正是冷到足以形成水滴的空气区域的形状。因此，云并不是真正聚集在一起的。没有必要用胶水把它粘在一起，就像你不需要把日光浴者捆绑在一起一样。你可以在海滩上找到一群聚在一起享受日光浴的人，因为那儿刚好很暖和！

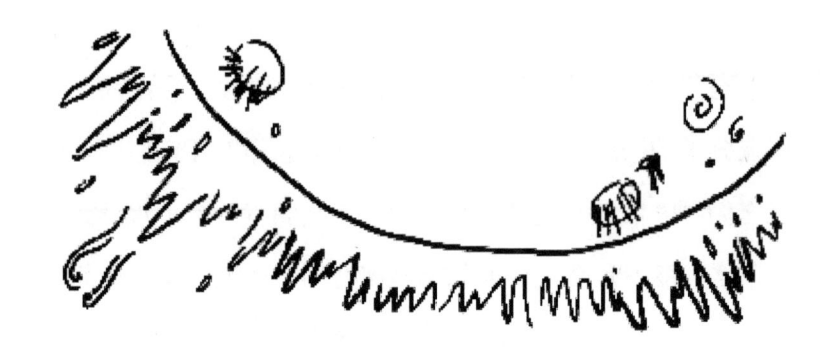

太 阳

问题 9
太阳是如何形成的？它全是瓦斯和火焰吗？
哈尔·贾雷特

  是的，你说得很对：太阳是一个巨大的炽热气体球。和其他事物一样，它也是由原子组成的，但是你不需要 92 种来创建一个太阳。只要两种就够了，这些是最轻的原子——它们被称为氢和氦。

  当时所发生的是，宇宙中飘浮着巨大的氢气云和氦气云。宇宙中的一切都以一种名为引力的力量互相吸引着。(此时此刻，你正被地球引力拉回你自己的座位。) 构成云的原子也是如此；云中的每个原子都吸引着其他原子。原子不是很重，所以它们的引力很弱。但在很长一段时间里，这股力量慢慢地把云挤压得越来越小。

你给自行车车胎打过气吗？你用打气筒往自行车的轮胎里打气。当你这样做时，你是在挤压空气。这将会发生什么？打气筒温度升高了。你打得越用力，它的温度就变得越高。这是因为当你挤压空气或其他气体时，它会升温。

这就是太空中的气体云团所发生的情况。它变得越小（由于引力），就变得越热。最后，它太热了，突然就着火了。

问题 10
太阳在太空待了多久了？（希望你能回答正确。）

杰米·欧利克（9岁）

太阳在46亿年前"着火"（这是它的"诞生"），从那时起，这团火就一直在燃烧。

我们怎样才能知道46亿年到底有多久呢？一种方法是想象收集日历（每个月有一张新页面的那种）。你从太阳诞生的时候起就开始保存它们，每年都买一本。如果你这么做了，那么到现在，那堆旧日历可能已经有一万千米高了！这几乎是地球从一边到另一边的距离。

问题 11
太阳从哪里获得热量?

保 罗

在早期,太阳通过其气体被压扁而变暖。但自从它"着火"后,它就通过另一种方式获得热量,这种能量来自原子核。发生的事情是,太阳变得如此热(几百万度),一切都像疯了一样抖动。这就是我们说某物"热"的意思。我们的意思是,构成它的小块都带着巨大的能量在振动和移动。在太阳中,一切都在互相猛烈撞击,电子被撞出了它们的原子。电子和原子核也相互彼此碰撞,疯狂地四处获取电量,与此同时在各个位置从各个方向获取电量。

当氢核和氦核像这样相互碰撞时,它们有时会粘在一起。当这种情况发生时,它们会以光和热的形式释放能量。

为什么它们会释放能量?这有点像两个人开始时住在不同的房子里。他们每个人都需要用煤气和电来取暖,加热洗澡水、做饭。但如果他们决定住在一起,他们就会减少燃料费用。他们可以待在同一个温暖的房间里,而不是分开的房间，一起看电视，用同一个烤箱加热食物，等等。这意味着现在有更多的能量——天然气和电力可以使用在别的途径上。

原子核也是如此：当它们聚集在一起时，它们不需要像分开时那样多的能量。所以当它们碰撞并粘在一起时，就会释放出它们不再需要的能量。这些能量就是保持太阳燃烧的能量。

问题 12

如果太阳过热会发生什么？我认为它会爆炸，然后所有行星，包括地球，都会变得过热并爆炸。但我真的很想知道正确的答案。

丽贝卡·布朗（10 岁）

太阳就像一颗巨大的核弹。它获得能量的方式和核弹完全一样——通过原子核黏合（或聚变）。但是太阳的伟大之处在于它是一颗正在慢慢——慢慢——慢慢——爆炸的炸弹。

太阳是如何做到这一点的？它是如何以刚刚好的速度将氢燃料注入火中，保持火以稳定的速度燃烧的？这真是太神奇了！

我提醒你，这种情况不可能永远持续下去。这并不是说太阳有突然爆炸的危险，但在未来的某个时候，它会慢慢地开始膨胀。到那时，太阳就会变成红色，几乎布满我们的整个天空。地球表面会变得非常热，所有的生命都会燃烧殆尽。

这是坏消息。好消息是你和我，我们的孩子、孙子、我们的曾孙和曾曾曾……孙，在这一切发生之前，所有人早就死了！在之后的大约50亿年内，太阳将或多或少地保持现在的状态。所以，你不能用"世界末日来了"作为不做下周作业的借口。这太难了，不是吗？

问题 13
如果你不能触摸太阳，你怎么知道它是由什么构成的？

约 翰

你说得对，我们不能摸到太阳。所以，我们必须利用从它那里得到的光。

当你在实验室里加热原子时，它们会发出彩色的光。例如，加热钠原子，它们就会发出明亮的黄色光，这就是你看到的从黄色钠路灯发出的光。如果你加热另一种原子——氖原子，你会看到霓虹灯带粉红色的光。不仅如此，如果钠原子是冷的，而不是热的，它会吞下任何照射到它的黄色光，而氖会吞下粉色光。所以每一种原子在颜色上都有自己特殊的喜恶。

这种特殊的混合颜色成为一种"原子指纹"。事实上，你可以把这一切变成一场侦探游戏。如果我加热一些未知的原子混合物，仅仅通过观察放射出来的颜色，你能告诉我，我拥有的是什么原子吗？这就是太阳设置的侦探问题。我们不是简单地说太阳是一种黄白色，然后就不管它了，我们非常非常仔细地测量，研究到底是什么颜色被释放出来并被吞噬的。这就是为什么科学家们能知道太阳主要是由两种最轻的气体——氢和氦形成的，他们不需要被太阳烧伤自己的手指就能找到答案！

问题 14
如果太阳离我们那么远，它会怎样伤害我们的眼睛呢？

约翰·鲍德利（11 岁）

太阳离我们很远。如果一艘宇宙飞船从地球飞到太阳，并且它的速度和大型喷气式飞机一样，它将需要 20 年才能到达那里。因为距离很远，所以太阳看起来很小。

但事实上，它很大——大到可以装下一百多万个地球。由于距离的原因，太阳的圆盘只覆盖了天空的一小部分。我们只从天空的一小部分区域获得热量；这就是为什么地球很温暖，而又不像烧烤一样炙热。

但是太阳小圆盘的亮度与太阳离我们很近时差不多。这是因为光的大部分行程都是在真空中穿梭的，没有任何东西阻挡在它通向我们的路径上。所以，尽管这个圆盘很小，它却非常明亮——明亮到危险的程度。毕竟，你可以使用放大镜让太阳光线在木头上烧出洞来。（那么，如果你通过构成眼睛前部的晶状体直接盯着太阳看，你认为你的眼睛后部会发生什么？）

问题 15

如果太阳永远消失，就不会有温暖、光、热。如果没有光，植物、树木和花朵将如何生长？我希望太阳不会消失。

大　卫

正如你所说，没有太阳的温暖，地球上就没有生命。过去，人们非常担心太阳可能会消失并且不再回来。毕竟，每天傍晚日落时，它总是会消失，没人知道它晚上去了哪里。谁能确定它第二天还会回来？更令人担忧的是日食。当月亮出现在我们和太阳之间时，就会在短时间内挡住太阳光线，日食就发生了。想想看，太阳在中午突然消失了，毫无征兆的！

现在我们不必为这些事担忧了。我们知道太阳为什么会落下和升起，我们也知道日食发生的原因，我们还可以准确地预测日食出现的时间。

但是太阳和地球会分开吗？不太会。我们现在知道，地球围绕太阳运行的轨道几乎是圆的，这被称为它的轨道。是什么阻止了它飞向太空？它们之间的引力。如果你试图通过跳跃逃离地球，地球的引力会重新把你拉回来。地球和太阳之间也是如此。因为太阳的质量如此之大，所以它具有巨大的引力，而正是这种引力确保了地球将永远离太阳很近。这也是件好事！

问题 16
为什么太阳不动？

阿卜杜勒（11 岁）

作为一名科学家，最有趣的事情之一就是当你发现自己以前的观点是错误的！起初人们认为地球是平的，但事实上，它是圆的。那时人们认为地球是静止不动的，太阳绕着它转动。但这又错了。静止不动的是太阳，地球绕着它转动。地球以每秒约 30 千米的速度绕太阳旋转；这比大型喷气式飞机的速度要快 100 多倍。（感觉不像，不是吗？）

现在我们又错了！太阳不是静止不动的。它属于一个星系。星系是大量恒星的集合。和其他星系一样，我们的银河系也是旋转的，它像一个巨大的环岛一样绕着自己的中心慢慢旋转，所以太阳正在缓慢地绕着银河系的中心旋转。当我说"缓慢"的时候，我的意思是它需要很长时间才能回到原本的位置——2 亿年才能完成一个完整的旋转。太阳（及其行星）实际上运行得相当快：围绕银河系中心以每秒 230 千米的速度运行。这比地球沿轨道绕太阳运行的速度快十倍。唷！

行 星

问题 17
宇宙中有多少行星?

莎 拉

告诉你其中的八个。从离太阳最近的开始,我们有水星、金星、地球、火星、木星、土星、天王星和海王星。它们共同组成了太阳系。直到 2005 年,你的问题的答案都是 9!那么发生了什么?它们中有人迷路了吗?不。第九个候选者是一个被称为冥王星的小天体,它位于其他天体之外。但后来又在更远的地方发现了一颗叫作厄里斯的"行星"。它的大小和冥王星差不多。那么厄里斯应该被算作第 10 颗行星吗？2006年，国际天文学联合会决定执行一个不同的分类方案。在未来，冥王星、厄里斯和其他任何以后可能被发现的小"行星"都应该被称为"矮行星"，而不是与这八颗真正的行星相混淆。

这些行星都围绕太阳运行，它们中的每一颗所处的轨道都越来越大。地球一年转一圈，这就是我们所说的一年。对于其他行星来说，海王星的一年最长：165地球年。水星每88个地球日转一圈，也就是地球年的四分之一。所以，如果你10岁，有人和你在同一天出生在水星，他们会认为自己现在已经40岁了——也就是说，40个水星年那么大。（并不是说真的有人在水星上出生——因为水星离太阳太近，所以太热了。）

问题18
水星离太阳有多远？
安德鲁·布坎南

虽然它是离太阳最近的行星，但它距离太阳仍有5800万千米。

那有多远呢？想象一根绕着地球赤道的绳子。现在把它拉直，从水星到太阳需要14500根这样的绳子（从地球到太阳需要37500根）。

从水星表面看太阳，太阳会比从地球上看要大两三倍；这就是为什么白天的时候，水星上滚烫滚烫的，没有生命能够存活下来。相反，在夜晚，在水星背对太阳的那一面，那儿的天气就会变得异常寒冷。这是因为水星没有任何大气层或云层来保持温暖。

有关水星的另一件奇怪的事情是它一天的长度。"一天"是行星从第一天的中午到第二天的中午绕其轴自转所花费的时间。地球在其公转轨道上转一圈，自转了365圈，因此每年有365天。由于水星的自转速度非常慢，而且它的公转轨道也短得多，所以它绕太阳转两圈的时间才能自转一圈；换句话说，它每天都有两年的时间。试想一下：如果你在水星上生活，你每天就要过两个生日！想想自己每天都会收到两次生日礼物，你是不是非常激动？但是先打住，记得我说过的吗？水星白天很热晚上很冷，你真的想先被炸得像一块烤脆培根，然后晚上又变成一块冰冻的烤脆培根吗？

问题 19
为什么行星的大小各不相同？为什么地球上有生命而木星上没有？

格里高利·罗斯坦（8 岁）

它们的大小很不一样。木星是最大的，它的直径（从它表面的一点到正好对应的另一边那点的距离）是地球直径的 11 倍，而矮行星冥王星的直径不到地球直径的五分之一。

并不是说冥王星就那么小。如果你访问冥王星，并决定绕着它走一圈，即使你每天走 12 个小时，你仍然要花一年时间才能回到起点。至于在木星上徒步旅行，那将是一场真正的马拉松——这将花费你一生的时间。

实际上，警告一下，试图在木星上行走根本不是一个明智的想法。木星上根本没有可以行走的表面！它只不过是一个巨大的气体球！如果你降落到木星上，你会穿过大气层往下沉。随着你越沉越低，大气的密度也越来越大，变得越来越稠密。一段时间后，它会变得非常稠密，以至于更像是液体而不是气体，然后液体就会变得像糖浆一样浓稠。在那个点上，你会停止下落，你就会飘浮起来，但你不会站在任何表面上，所以我们不难理解为什么木星不可能支持生命的存在。对于所有真的很大的行星——木星、土星、天王星和海王星来说，真相也是如此。

但是，尽管有些行星主要是气体，有些是岩石，但它们都是以相同的方式形成的。就在气体和尘雾聚集在一起形成太阳的同时，在太阳中心外形成了小漩涡（就像你有时会看到水从浴缸的塞孔中流下来的样子）。它们没有被吸入新形成的太阳本身，而是留在外面，沿着轨道绕太阳运行。因为重力，它们都向下挤压，形成行星。

对于靠近太阳的内行星，轻的气体被来自太阳的热风吹走，留下现在形成岩石行星的灰尘。在更远的地方，像木星这样的行星能够留住它们的轻气体——这就是为什么它们仍然主要是由气体构成的。

那么，为什么行星的大小不同呢？与其让我直接告诉你答案……为什么你不自己回答呢？

问题 20
当我和妹妹一起看太空节目时,主持人展示了一张太空地图。我盯着土星,思考为什么土星会有光环?

约瑟夫·斯图尔特

小时候,我和比尔叔叔一起住了一年。(那是在第二次世界大战期间,因为轰炸,孩子们住在伦敦的家里太危险了。)他有一个很棒的望远镜。这是他的爱好。他喜欢看星星,并通过望远镜向我展示各种各样的奇妙事物。比尔叔叔是第一个让我对"天上有什么"感兴趣的人。

但观星的问题是,最好的观测时间是在天气寒冷晴朗的时候。几年后,他变得又老又弱,他的妻子再也不让他在寒冷的夜晚外出。让我高兴的是,他把自己的望远镜送给了我。这仍然是我的骄傲和快乐。

毫无疑问，最激动人心的一刻是我用望远镜看到土星和它美丽光环的那刻。我很清楚你对它们的感觉，约瑟夫。

那么，它们是怎样的？它们又平又薄。但它们不是固体，它们并不坚硬。事实上，它们是由大量的冰块组成的。有的像雪花，有的像脏雪球，有的像雪人的身体那么大。它们慢慢地绕着行星转啊转，就像月亮绕着地球转一样。事实上，你可以把这些小冰块想象成非常小的一些月亮。

我们现在知道土星并不是唯一拥有"光环"的行星。木星、海王星和天王星也有，但它们非常薄，即使用太空探测器近距离拍摄也很难看到。

问题 21
什么是彗星？（祝你有美好的一天。）

昆汀·陈（9岁）

彗星就像脏兮兮的雪球，直径从 5 千米到 50 千米。它们像行星一样围绕太阳运行。就天体而言，它们不是很重要。那么，当科学家宣布一颗彗星即将出现时，为什么会引起如此大的骚动呢？

首先，让我们想想它们的轨道。所有围绕太阳运行的物体都在椭圆轨道上运行。椭圆就像一个在一个方向上被压扁的圆。地球的轨道大致是圆形的（几乎没有挤压），所以它与太阳的距离不会有太大变化。而彗星倾向于遵循一条更加细长的路径，这意味着它在自己一"年"中的特定时间比其他时间更接近太阳。当这种情况发生时，它变暖了。一些冰融化了，气体和尘雾被释放出来。它们从彗星的中心飘浮出来，填满了巨大的空间。这些含尘气体被太阳照亮，从地球上看，就是一片模模糊糊的云团。来自太阳的光和风在这么近的距离时是如此强烈，以至于云团在远离太阳的方向上直接被吹离彗星的头部。因此，这片云像一条长长的"尾巴"一样伸展到太空中。这就是为什么它们看起来如此壮观。

在它最接近太阳之后，彗星继续它的旅程。这使得彗星的核心离太阳越来越远。它再次变冷，所以不再散出气体。当它沿着自己的路径回到更远的太空时，它从我们的视野中消失了。与此同时，天文学家们根据轨道的形状和大小来计算它重返地球的时间。

地　球

问题 22
凡事都有开端。地球是如何形成的,又是什么时候形成的?

凯瑟琳·布朗

我已经指出地球和其他行星一样,也是一个行星。所以,它是由太阳外的一个气体和尘埃的漩涡形成的。我们认为它与太阳和其他行星是同时形成的,也就是说 46 亿年前。

我们是怎么知道的?因为放射性。所发生的情况是,一些非常重的原子核对它们自己来说太大、太不稳定了。一段时间后,碎片被抛出,或者脱落——留下一个小一些的、大小更加合理的原子核。当原子核以这种方式瘦身时，我们就说它"衰变"了——它已经放射性衰变了。对于任何特定类型的原子核来说，它们中的一半会在特定的时间内衰变，这被称为"半衰期"。例如，半衰期可能是 100 万年。这意味着，如果一开始你有 16 个超大的原子核，100 万年后会剩下一半，也就是 8 个。这样一来，你就得到了 8 个仍旧超大的原子核，外加 8 个新的大小合理的原子核。再过另一个 100 万年，剩下的 8 个超大原子核中有一半也会衰变。这意味着，在总共 200 万年后，我们将只有 4 个仍然超大的原子核，在现有的 8 个大小合理的原子核之外再加上 4 个大小合理的原子核，这样我们总共就有 12 个大小合理的原子核。

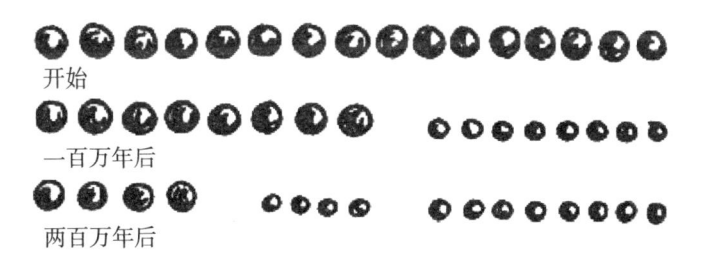

开始

一百万年后

两百万年后

你能看出这能给我们提供一种思路来计算一堆原子核存在了多长时间吗？

通过检查地球上的泥土,并计算出我们有多少个超大的原子核与大小合理的原子核之比,我们就可以计算出这些原子核的年龄。这就是为什么科学家们能够计算出地球有46亿年的历史。因为他们相信太阳和地球是同时形成的,所以这也一定是太阳的年龄。

问题 23

如果太阳那么遥远,为什么地球的中心是热的?我们应该认为那儿会很冷。

梅勒妮(10岁)

好问题。你认为地底下会很冷。毕竟,太空很冷。地球表面温暖是因为它在白天被太阳加热;在夜晚,它迅速地向太空释放热量。我不说你也会知道,在一个晴朗的冬天,一旦太阳落山后,天气变凉得有多快。

但事实上,如果你下到矿井里,你越往深处,温度就越高。至于地球的中心,它非常非常热——热到可以熔化岩石!可在这儿根本就看不到太阳。那么,到底发生了什么呢?

这一切又都与原子核有关。还记得太阳是如何获得热量的吗?在第11个问题中,我告诉过保罗,轻的原子核是如何相互撞击并结合在一起形成较重的原子核的。当它们这样做的时候，一些热能释放出来。我说过，太阳是某种慢慢爆炸的核弹。

嗯，还有另一种核弹。它就在我们脚下悄无声息地爆炸！

还记得超大的原子核释放碎片，原子核的大小从而变得更加合理吗？原子核这样的变化也会释放出热能。太阳的能量来自核聚变（轻原子核相结合），而地球中心的能量来自核裂变（重原子核的分裂）。

但"啊！"你自己仔细想想，"他对保罗说，你们住在一起会节省能量。这就是他对核聚变释放能量的解释。现在，他说得正好相反——当你们分开的时候，你们会节省能量。他不能两者兼得。"

哦不！谁说的？如果你的房子里住着一个十几岁的孩子——一个总是把灯和电视开着的人，当他们不在家的时候，很容易节约能源！有些人聚在一起时能节省能量，有些人在分开时节省能量。原子核也是如此。有些原子核通过核聚变释放能量，而有些则通过裂变。

当然，你不会从一个分裂的原子核中获得太多的能量。但正如我们在核聚变中看到的，当很多很多的原子核同时做同样的事情时，能量就会累积起来。

核聚变　　　核裂变

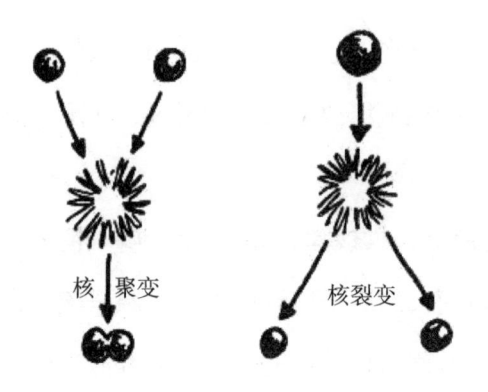

　　这些在地球深处产生的能量怎样了？它到达了地球表面。从那里它可以逃逸到太空中，但这需要很长时间——热量要经过几千千米才能到达地表。正因为如此，温度不断上升，直至将岩石熔化。

　　我们行走在看似坚实的土地上，其实地表之下并非一直是坚实的。事实上，它只是一层薄薄的漂浮着的外壳——有点像热蛋挞表面形成的冷皮！

问题 24
在地震前岩石会怎样？

托马斯·康普顿

　　我刚刚告诉了梅勒妮，陆地实际上是漂浮在熔化的岩石上的一层薄薄的地壳。因为来自下方的热量，熔岩四处翻滚，它与上面地壳的底部摩擦，使得地壳四处滑动。地壳中会产生裂缝，因而最终形成被称为"板块"的独立碎片。这有点像把破碎餐盘的碎片拼合在一起。

其中一条裂缝沿着美国西海岸延伸。旧金山市主要建立在其中的一块板块上，洛杉矶则位于裂缝的另一边——旧金山以南约600千米处。

在这些裂缝附近会发生有趣的事情。其中一个板块下的物质可能会向某个方向缓慢移动，而隔壁板块下的物质朝着另一个方向移动。这样的事情正在加州发生。洛杉矶正在向旧金山靠近。虽然这两个城市之间火车票的价格并没有任何逐年下降的迹象，但实际上，它们之间的距离正在以每年仅5厘米的速度在缩小。

但是，你会问，这和地震有什么关系？我没有忘记这个问题。只是有时候需要一段时间才能找到问题的答案。答案来啦：

如果我们有一个装满油的巨大油罐，我们可以在两个板块的空隙间倒上很多很多的油，一直倒一直倒，这样两个板块就能顺利地滑过对方。这样一切都会没问题，也不会有地震。但事实并非如此。很多时候，这些板块会在它们之间的边界处粘在一起。虽然两个板块的主要部分继续在以每年几厘米的稳定速度互相靠近,但边缘根本没有移动;它们被留在了后面。因为在边界处两侧的岩石中形成了张力,所以在10年或20年后,它们可能会落后一米;再过10年到20年,它们便会落后几米。张力不断增强。另一个十年……不能再这样下去了。这就像试着拉伸一根橡皮筋,你只能拉得这么长,然后……

砰的一声!

砰的一声是地震。当拉力达到一定程度时,岩石就会分裂,板块就会从彼此中挣脱出来,并突然朝着它们一直试图进入的方向向前晃动。震动从断层向外扩散,对建筑物造成破坏,经常有人死于地震。

然后会发生什么呢?板块又被卡住了,整个过程又会重复一遍。几年后,在同一地点附近又会发生一次地震。然后又一次,又一次……

如果人们知道一些地方,比如加利福尼亚,是危险的(旧金山在1906年的地震中被完全摧毁了),你可能会问,为什么人们还住在那里?为什么不理智一点,住在一个几乎不会发生地震的板块中间呢?好主意。我以前认为住在加州的人一定很笨。但后来,当我还是一名年轻的科学家时,我得到了一份非常有趣的工作。在我的核物理研究领域,这个实验室处于世界领先地位。问题是这份工作的地点就在旧金山旁边！我该怎么办？！（你会怎么做？）我想了想，然后决定去。我在那里待了整整一年。这是不是意味着我很笨？很有可能。但幸运的是，这是美好的一年。

问题 25
火山为什么会爆发？我想知道这一点，因为我喜欢火山爆发时的颜色。

莎拉·巴塞洛缪

　　火山存在于地壳的薄弱环节。一段时间后，下方熔岩中的压力就会增加。这一过程一直持续到地壳再也撑不住了。突然，这个薄弱环节被攻破，熔岩喷涌而出。爆炸就是这样发生的。当喷涌出来的熔化物质冷却下来，形成了火山灰和固体岩石，然后堆积在洞口的周围。每次火山爆发，火山灰和岩石就会堆积起来。最后，大量的火山灰和岩石形成了一座山——一座顶部有个洞的山，里面的东西还在不断往外冒。

　　这些薄弱环节常在两个板块的边界上出现。所以，不在这样的地方居住真是太明智了，因为这儿有地震和火山！

　　正如你所说，火山爆发可以是非常美丽的——就像一场大型烟花表演，还是免费的。但它们是非常危险和极具破坏性的。1883年，印度洋上的喀拉喀托岛发生了一次特别大的火山喷发，造成了40000人死亡。爆炸的声音在5000千米外都能听到！

问题26

晚上太阳下山的时候，我想知道它去哪儿了。它是潜入了大海还是去了澳大利亚？如果两者都不是，那么请告诉我答案。

艾略特·赖特（9岁）

很长一段时间以来，每个人都认为地球是平的。每天早晨，太阳都会升起，从头顶飞过，然后晚上消失在遥远的地面或海洋中。正如我们在问题15中看到的，当我在给大卫写信时，这是非常令人担忧的。如果第二天太阳决定不再回来了呢？

但后来人们发现地球并不是平的。它是圆的，像一个球。至于太阳，它绕着地球沿轨道运行。夜晚，它不会潜入海里；在再次出现之前，它只是绕了个弯，照亮地球表面的另一部分。

这似乎很好地解释了一切。但这个想法也是错误的！

当你坐在公园的旋转木马上时，你会发现周围的一切——树木、公园的长椅、婴儿车——都在你周围呼啸而过，但它们并没有真的这样。并不是它们在移动，移动的是你，是你的旋转木马在旋转。嗯，地球就是这样。并不是太阳绕着地球旋转，而是地球在绕着太阳旋转。它围绕一条从北极到南极穿过地球的线（或"轴"）旋转。

所有的行星都自转，但速度不同。所以它们的"一天"和我们的不同。木星的一天不到 10 小时；水星的一天有 176 个地球日。

所以，你的问题的答案是，太阳晚上的时候去了澳大利亚——或者更好的答案是，澳大利亚旋转过来面对着太阳。

问题 27
为什么我们没有注意到世界在旋转？

娜奥米·德斯顿

你可能会奇怪，为什么人们花了这么长时间才意识到地球像旋转木马一样在旋转。毕竟，如果你整天都在旋转，你肯定知道自己是在移动的——你会感到头晕！那么，为什么南极和北极的人不会感到头晕呢?为什么那些生活在赤道附近的人没有被抛到太空中去呢?你猜对了。这是因为地球自转太慢了。没有人会在一个一天只转一圈的旋转木马上感到头晕。

问题 28
如果地球绕太阳一周需要一年,那么为什么还有闰年?
苏菲·福勒

我们已经知道一年是地球绕太阳公转一圈并回到起点所需要的时间。一天是地球从一天的中午到第二天的中午绕地轴自转所需要的时间。

事实上，地球的一年是 365 又 1/4 天。这意味着，地球在 1 月 1 日在空间的某个特定点开始沿轨道运行，在 365 天之后（我们通常称之为"一年"，从 1 月 1 日到 12 月 31 日），地球并没有完全回到它开始时的位置。两年之后，它落后了两倍；三年之后，是三倍。四年之后，地球需要四个 1/4 天才能弥补这个差额。四个 1/4 天当然是整整一天！

这就是巧妙技巧的用武之地。每隔四年，我们会宣布"一年"多一天——366 天而不是 365 天。在这额外的一天里，地球能够弥补这个差额。在接下来的 1 月 1 日，它已经准备好了从它轨道的正确起点开始新的一"年"。额外的一天被加到 2 月底，即 2 月 29 日。无论如何，这是个好主意（前提是你的生日不是 2 月 29 日）。如果没有这些被称为闰年的年份，日历将会逐渐滑动。冬天最终会在七月到来，而夏天会在圣诞节到来。（这是澳大利亚人一直不得不忍受的，但那是他们的问题！）

又及：其实事情还没完。地球绕太阳公转的时间并不是精准的 365 又 1/4 天——其实比这还要少一点点。所以，即使在闰年之后，地球也并没有完全回到它应该回到的位置——现在它稍微领先了一点。所以为了弥补这一点，每 100 年（以 00 结尾的年份，就像 1800 年和 1900 年）不是 366 天的闰年，而是普通的一年365天的年份。

以及：甚至这也不是结束。每100年跳过一个闰年，仍然让地球离它应该所在的位置差了一点点。所以为了弥补这一点，每400年（比如2000年）就又有一个闰年，那样的年份不是普通年。

现在，我敢打赌你希望自己没问过这个问题！

问题 29
我们如何知道地球内部有什么？

劳拉·塞奇威克

显而易见，最简单的方法就是挖洞，然后看看你能挖到什么。但这只触及地球表面。最深的矿井约4千米，最深的钻孔约15千米——与到达地球中心所要经过的6370千米相比，这不算多。

一个更好的方法是让地球把自己的内部展现出来。火山就是这样的情况。火山爆发时，大量的热岩石倾泻而出。这告诉我们，地球内部非常热。我们还可以研究那些喷发出来的岩石（一旦它有机会冷却！）。

但还有另一种方法。假设邮递员投递了一份礼物——一个牛皮纸包裹。你渴望打开它,看看里面是什么,但你不被允许这样做;你必须等到圣诞节,或者你的生日,或者别的什么日子。你会怎么做?你会等到周围没人的时候,猛摇盒子。幸运的话,它可能会发出响动,这可能是一条线索。例如,如果它确实发出了响声,它就不会是无聊的袜子和背心。

科学家们也可以用同样的方法来探索地球内部有什么。他们把它摇一摇。事实上,他们并不需要这样做。地球时不时地把自己摇动一下:地震。剧烈的运动产生了涟漪,并在地球内部扩散开来。我们称之为"地震波"。它们可以在地球表面的不同位置被捕捉到。它们所走的路径取决于它们所经过的地方。它们会弯曲,有时候它们会反射。

当某处发生地震时,世界各地的科学家会在地震波到达他们的记录设备时对其进行研究。然后,他们对比了各自的研究结果——他们发现了什么样的波纹,它们的强度如何,以及它们花了多长时间到达地球表面特定的点。接下来是侦探工作。他们根据掌握的所有情况,推断出地球内部的样子。他们设想中的地球是这样的:

地球内部有点像洋葱,有好几层,外面是"皮"或固体外壳。在有大陆的地方,它很厚(它可以在山脉下延伸达90千米),而在有海洋的地方,厚度仅仅只有5千米。

地壳
地幔
外核
内核

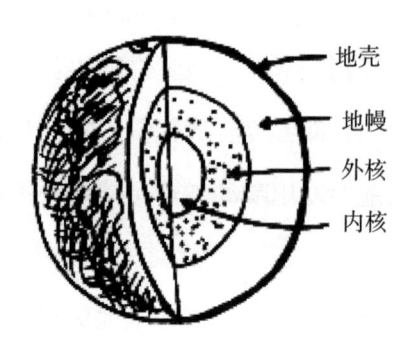

地壳下面是地幔,它是由火山喷出的物质组成的。然后在地下 2900 千米(大约是到达中心一半的距离)发生了一个巨大的变化:我们到达了外核。这是液体的。我们从一种地震波(称为 S 波)的变化中知道了这一点。S 波在行进时从一边向另一边晃动(就像你摇动一根绳子就能使它产生波浪一样)。这种波不能通过液体。

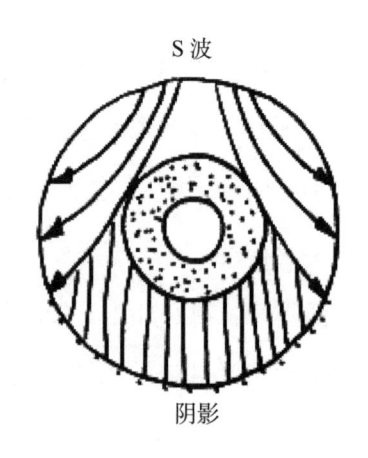

S 波

阴影

这种波永远不会到达地震发生的地球的另一边。这一定是因为它无法穿过中间的核心；核心投射出一种"阴影"。阴影的大小告诉我们液体核的范围应该有多大。

然后，我们在 5150 千米深的地方，到达了一个坚固的内核的表面。我们之所以知道这一点，是因为另一种主要类型的地震波——P 波所表现出的一切。P 波是压力波（振动是沿着运动方向而不是从一边到另一边）。它们既可以通过液体，也可以通过固体。

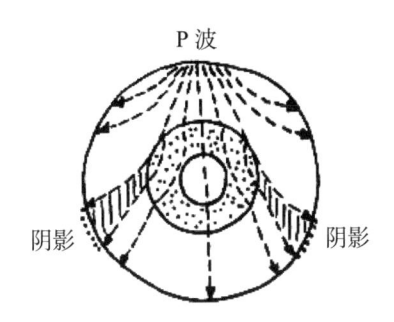

P 波

阴影　　　　　　　　阴影

内核的大小略小于月球的大小。我们认为它是铁和镍构成的，因为它必须很重。我们知道整个地球的重量，这告诉我们，中心的物质一定是我们在地壳中发现的较轻物质的 4 倍重。这表明它可能主要是铁。

最后，在下沉 6370 千米后，我们到达了内核的中心——地球的中心。

月　亮

问题 30

当我上床睡觉时，我起身向窗外望去。我看着月亮，然后我想知道月亮是怎样形成的？

史蒂文·琼斯（10 岁）

我已经描述了太阳和行星的形成过程（问题 19）。还记得我们一开始是如何从一个巨大的由尘埃和气体构成的旋转云团开始的吗？它的大部分被吸引到中心形成了太阳。但在中心之外形成了更小的涡流和漩涡。这些稳定下来后，形成了围绕太阳运行的行星。

关于月球是如何诞生的一种观点是，地球外的气体和尘埃中形成了一个非常小的漩涡。它被压扁了，最后变成了月球绕着地球转。我们认为其他行星中至少有一些卫星是这样的，比如火星就有2颗。

但这并不是获得一颗卫星的唯一途径。在早期，在太阳和八大行星形成后不久，许多岩石到处乱飞。它们是非常非常小的行星。有人认为，其中一些小块头的行星离某颗大行星太近了，并在围绕它的轨道上被捕获了。从那时起，它们就成了那些行星的卫星。

但今天，大多数科学家认为我们的月亮不是通过这两种方式形成的。他们认为，地球形成后不久，它就被其中一块在太空中飞行的岩石击中了。一个巨大的石块从地球上被撞了出来，这是一次巨大熔岩的"飞溅"。它进入绕着地球的轨道，冷却下来，形成了我们的月球。

问题 31
为什么月球上有这么多环形山？

乔治（10岁半）

很长一段时间以来，人们一直争论月球上的陨石坑是由死火山造成的，还是由那些我刚才提到的在太空中飞行的岩石造成的。我们现在知道主要是由岩石造成的。水星看起来和月球差不多，它上面也到处都是环形山。

现在你可能想知道，为什么这两颗行星会遭受如此猛烈的撞击，而不是地球——毕竟地球上没多少陨石坑。嗯，并不是说我们逃过了"轰炸"（回想一下月球是如何通过这样的撞击形成的）；关键是我们有大气层，我们有风和雨。简言之，我们有大气层，月亮和水星没有大气层。地球的大气层侵蚀了陨石坑的边缘，并填满了洞。这需要很长时间，但那又怎样？陨石坑已经形成了很长一段时间，有一些至今仍存在着；有些非常大，并且非常明显，所以我们知道地球确实遭受过撞击，就像其他行星一样。幸运的是，自太阳系形成初期的激烈时期以来，情况已经好转了很多。到目前为止，大部分的飞行岩石已经被行星吞噬了。但时不时地，仍有一些从外太空飞进我们的大气层，撞到地球表面。这些岩石被称为陨石。它们大多很小，造成的破坏也很小。但仍然存在一些很大的，所以伸出你的双手开始祈祷老天保佑吧。

问题 32
为什么月亮会在一夜之间改变形状?

克 里

月亮不像太阳,它自己不能发出任何光。那么,我们怎样才能看到它呢?通过太阳表面反射的光。阳光是白色的,月球上的岩石是浅灰色的,由熔岩从下方向上冒泡并向外扩散而形成的"大平原"的颜色稍深一些。这就是为什么月亮看起来是有斑点的,就像一张长满了雀斑的脸。

月亮的盈亏(不管它看起来像新月、半月还是满月)取决于太阳光线入射的角度。例如,如果是右手的一半被照亮,那么太阳一定在你的右边;如果是满月,太阳一定就在你的正后方。月亮需要大约一个月的时间来展现完它所有的"形状"。在有新月的晴朗夜晚,如果你仔细观察,你会发现月亮的其余部分组成了一个完整的圆盘,这也就是在太阳阴影下的部分。如何做到的?地球发出的光被月球的黑暗部分反射回来!地球之光之于月球人就像月光之于地球人。晚上,月球人站在月球上,抬头看到的是头顶上那个被太阳照亮的闪亮的地球。所以即使在月球的那一部分是夜晚，月球人仍然可以在微弱的地球光线的帮助下找到他们的路。

问题 33
为什么我们会看到月食？
威廉·帕默（7岁）

我们已经看到月亮通过它从太阳接收到的光来发光。但如果有什么东西挡住了太阳光线呢？它将被置于阴影中。这就是有时会发生的事：地球挡住了太阳光线的路径，地球的影子落在月亮上。即便如此，你仍能依稀看到月亮。这是为什么呢？好吧，你想象自己正站在月亮上。在月食期间你会看到什么？你会看到地球的圆盘逐渐遮住了太阳。当太阳完全被遮住时，你会看到地球是一个黑暗的圆盘，但它周围有一个薄薄的发光环，这可能是因为光线仍然在地球大气层中散射。正是因为这种光线在月食期间暗淡地照射在月亮上，才使身处地球上的我们也能看到它。

至于日食，就是月亮挡住了太阳射向地球的光线。在月亮的圆盘完全遮住了太阳的圆盘的时候，月全食发生了。

问题 34
如果月亮在白天出来，为什么太阳在晚上不出来？

马修（5 岁）

太阳一直闪耀着。它发出如此多的光，把一切都变成了白天。当我们谈论"白天时间"时，我们实际上指的是太阳升起的时间。如果太阳决定在半夜升起来（这不可能——但仅仅假设它会升起），它立刻就会发出明亮的光芒，把黑夜变成白天！

但月亮却不是这样。月亮只发出微弱的光。如果它在半夜出现，那又怎样？它发射出柔和的月光，但这不足以将黑夜变成白昼。至于白天的时间，它也可以出来，同样的，这也不能产生任何区别——一切仍然是正常的白天时的样子。

所以，虽然太阳又大又重要，让自己周围的一切都是白天，但我认为月亮有更多的乐趣。和我们一样，它既能享受忙碌的白天，也能享受夜晚和宁静的晚间时光。

星　星

问题 35
为什么星星会发光?
克里斯蒂娜

你知道为什么太阳会发光？还记得小原子核相互撞击并释放能量吗？（问题 11）嗯，星星也是如此，它们也是由核能提供能量的。事实上，星星就是太阳。每颗星星都和我们的太阳一样大，一样强大！我知道看起来不像，那是因为它们离我们太远了。

为了更好了解行星和恒星之间的距离，请你想象一只叫水星的猫蜷缩在距离煤气炉（我们可以假装它是太阳）30

厘米的地毯上，一个地球人伸开四肢躺在距离煤气炉 1 米的沙发上。按照这个比例，可怜的老狗冥王星将在 40 米外的位置。至于最近的恒星，也有 250 千米远！难怪它们看起来很小。

问题 36
我躺在床上看着窗外，我想：为什么星星会晚上出来？
莎拉·贾维斯（9 岁半）

事实上，天上的星星不分昼夜地照耀着我们。我们在白天看不到它们的原因是它们的光芒太微弱了（离我们太远了）。我们被来自太阳的明亮光线以及构成我们大气层的空气和尘埃反射的光蒙蔽了双眼。

只有当太阳落山时，我们才开始注意星星。首先我们看到一两个——它们中最亮的。然后，随着天色变暗，我们的眼睛习惯了黑暗，我们开始注意到较暗的星星。我知道看起来好像越来越多的星星被"打开了开关"。但事实并非如此，它们其实一直"开"着。

问题 37
为什么星星会闪烁？

尼莎

来自恒星的光必须穿过大气层才能到达地球。大气可以扭曲我们看到的东西。例如，你有没有注意到，在炎热的天气里，如果你沿着一条路看过去，远处的一切都趋于闪烁：它颤抖着，四处移动。这是因为靠近地面的热空气重量更轻并且往上升，它的位置被较冷的空气所占据，而冷空气反过来又被加热并上升，如此类推。从路的尽头发出的光必须穿过不同密度的、移动着的空气袋，这就导致光线弯曲（就像光从稀薄的空气进入眼镜的高密度的玻璃镜片时，会发生弯曲一样）。这样远处的景色就会不断扭曲，就好像你是通过移动的、起皱的玻璃看它一样。

同样的事情也发生在你看星星的时候。星星的光穿过大气中不同密度的、移动着的空气袋，这就是它闪烁的原因。但这颗恒星本身却是一直非常稳定地在发光。

问题 38

我躺在床上数羊,想睡觉,但我睡不着。于是我拉开窗帘,开始数星星。当我数到 396 的时候,我突然想到,世界上究竟有多少颗星星?

安德鲁·梅特卡夫(9 岁)

396?做得好!但我很好奇,你怎么确定自己没有把一颗星星数两次?

无论如何,你可能已经猜到了,恒星的数量远不止这些。在晴朗的夜晚,如果视力好,你可能有希望看到大约 6000 颗星星。但这仅仅只是开始。如果你拿起望远镜,把它指向天空中你认为只有几颗星星的那一小块地方,对于你所看到的一切,你会非常惊叹:这么多星星!多出来的那些星星非常微弱,以至于你用肉眼无法看到它们。虽然没有足以通过你眼睛的小"窗口"——我们称之为眼睛的瞳孔的光线,但是望远镜通过它的大透镜可以收集到更多的光。这就是你为什么可以通过望远镜看到较暗的恒星。望远镜越大,你能看到的星星就越暗,你能看到的星星就越多。

整个天空都是如此。到处都有大量散发出微弱光芒的星星,在银河中尤其如此。这是一条微弱的延伸着的光带,从一个地平线,穿过头顶的天空,延伸到另一个地平线。你只能在非常漆黑、晴朗的夜晚才能看到它,所以你得要远离街灯。如果你住在城镇里,那里有很多街灯反射的光线,你可能根本注意不到它。它被称为"银河"(The Milky Way),因为它看起来就像一条牛奶河,就好像是送牛奶的人出了事故,把薄薄一层牛奶溅到了天空中。

它到底是什么?为什么它会发出微弱的光?那儿满是星星——那么多星星,多得你无法分辨。星星们的光叠加在一起,散发出一整片光芒。

那么,回到你的问题:有多少颗星星?

1000亿。

唷!我们怎样才能让大脑对这么大的数字有感觉呢?好吧,假设我们决定给每颗星星取一个名字。这很合理,不是吗?毕竟,我们自己的恒星也有名字:太阳。这意味着地球上所有的男人、女人和孩子,每人都要想出15个星星的名字——没有一个是相同的。那么就有这么多星星!

它们都被收集在一张巨大的扁平圆盘上——就像一张CD(只是这张光碟上没有什么压缩的内容)。它无比巨大!你还记得我们想象的地球（坐在沙发上的你）离太阳（煤气炉）有 1 米远，在这个尺度上，最近的恒星离太阳也有 250 千米远。现在我想让你们想象一下距离被压缩了 250 千米，所以最近的恒星离太阳只有一米。按照新的比例，圆盘中最远的恒星将在 25 千米之外！

这个圆盘被称为"银河系"。太阳位于距离银河系中心大约三分之二处的位置。当我们仰望银河时，我们正望向银河系的中心；我们现在看到的是银河系的"圆盘"。这就是为什么那个方向有那么多星星。

所以，有很多很多星星。但我还没说完呢。请继续阅读……

问题 39
有多少个星系?
亚辛（8 岁）

当我说银河系时，我用了大写的 G（Galaxy）。但你说得很对，亚辛，星系不止一个。有很多。很难知道有多少星系，因为望远镜越大，我们在太空中探测得就越远，能观测到的星系就越来越暗。但据科学家认为，星系的数量可能和银河系中恒星的数量一样多：

1000 亿。

所以现在我们发现，为了给每个星系命名，地球上的每个男人、女人和孩子必须想出 15 个名字——没有一个是相同的。

是的，每个星系都有大约 1000 亿颗恒星。就像我说的，有很多很多星星。

问题 40
当新恒星出现时，旧恒星会发生什么？

汉娜（11 岁）

当一颗恒星变老的时候，它几乎耗尽了所有的燃料。它的核之火即将熄灭。

现在，我不知道你是怎么想的，但我原以为那颗星星会像篝火耗尽木头后一样悄悄地熄灭。但是没有！我们会有一个惊喜。在它年老的时候，像太阳这样质量的恒星会冷却下来；它变得通红，而不是像往常那样地白炽。但是，正如我告诉丽贝卡的（问题12），它会变大，炽热的气体膨胀起来。有一天，太阳会变得如此之大，大到几乎会吞噬地球。在这个阶段，一颗恒星被称为红巨星。

随后发生的是它的外层脱落，在中心留下一个白色的发热小球。这是恒星滚烫的核心。它被称为白矮星（科学家总能想出一些好名字，你不觉得吗？）。然后，白矮星直到最终，悄然消失并变冷。

这是针对太阳这样的恒星。更多大质量的恒星会砰的一声离去——我的意思是：砰！一分钟前它们看起来还很正常，然后在没有任何预兆的情况下，发生巨大的爆炸。在接下来的几天里，这颗垂死的恒星的亮度相当于星系里所有恒星的总和。

这被称为超新星爆炸。我们可能会在靠近恒星中心的地方发现一颗中子星，这是爆炸后剩下的东西。这是一个直径约 20 千米的致密球体。我所说的"致密"在此处的意思是一粒盐那么大的物质，而其重量相当于一万辆被压碎的卡车！

中子星这个名字是自然而然获得的，因为它是由中子组成的。你还记得吗？在问题 1 和 2 中，原子是如何由带负电的电子和带正电的原子核组成的，以及原子核是如何由中子和带正电荷的质子组成的。在中子星中，你可以想象电子和质子被强大的引力压在一起，然后合并形成中子（它们的正负电荷相互抵消，只产生中性粒子）。然后，这些新的中子加入已经存在的中子，所以，你最后得到的只有中子。

中子星在旋转，有些甚至可以一秒钟旋转几百次。在旋转的地球上，我们可能不会感到头晕；但是，我们肯定不可能在中子星上待过后站直了走路！

一些古老的恒星会留下黑洞。我肯定你曾听说过。虽然恒星的一些物质在超新星爆炸中被抛出，但大部分物质被自身引力吸到比针尖还小的一点上。从那时起，任何靠近这个黑洞的物体都可能被拉进去并被压扁。关于黑洞，我稍后将有更多的讲述（问题63—65）。

问题41
为什么流星会集中出现？我希望你能回答这个问题。

丽奈特·赫西（7岁）

流星。我爱它们。你知道吗，在一些特殊的夜晚，我们可以看到它们——在那些时候，它们可能会更多。如果天气晴朗，我总是在每年的12月10日和11日的那个时刻去户外看一看。在那些日子的夜晚，估计你可以每分钟看到一颗流星。你得睁大眼睛，它们飞快地穿过天空，它们毫无预兆地就来了。尽管它们倾向于指向天空中的一个特定位置——它们来的方向，但你永远无法知道流星的痕迹确切会在天空中的哪个位置出现。

关于流星最重要的一点是，它们不是恒星。虽然它们看起来像恒星一样明亮，但它们并不是遥远太空中的巨大火球。相反，它们是小的固体颗粒，通常还没有一粒小麦大。它们实际上是来自彗星的尘埃。在太空中飞驰了数百万年之后，它们撞上了地球的大气层。在一两秒钟内，它们燃烧起来，然后消失。燃烧的痕迹构成了流星。因为它并不是真正的恒星，科学家更喜欢用另一个名字来称呼这条轨迹：流星。

那些颗粒为什么会燃烧？摩擦。你知道在寒冷的天气里，你可以通过摩擦双手取暖。我们称之为摩擦加热。那么，当颗粒进入我们头顶上方约100千米处的大气层时，它移动的速度很快——每秒10千米。当它与空气摩擦时，它被加热到发光发亮，融化沸腾。这就是它的终结。

如果颗粒更大一些，它的内核可能会在它全部融化蒸发之前成功到达地球表面。正如我在回答第31个问题时提到的，我们把这种来自太空的岩石称为陨石。记住，是陨石造成了月球上的陨石坑。

为什么有些夜晚比其他夜晚更适合去寻找流星呢？我告诉过昆汀（问题21），当彗星靠近太阳时，会散发出尘埃云——彗星的尾巴。如果地球在绕太阳运行的过程中，穿过了彗尾的残骸，那么尘埃微粒就会撞击大气层，形成流星。一年后，当地球回到它轨道上的相同位置时，它再次穿过同样的尘埃云。这就是为什么流星雨会在每年的同一时间重演。

所以，我希望你们在 12 月 10 日和 11 日到后院去——但记得穿得暖和点。

提示：我平躺在躺椅上看流星。这样我就不会因为抬头时间太久而脖子抽筋。我想说的是：如果你不变得聪明一点，变老就没有意义了！

宇　宙

问题 42

关于宇宙大爆炸的故事是如何流传开来的,又是谁讲了这个故事?是女孩、男孩、男人还是女人?

克里斯托·拉基(11 岁)

在讨论星系的时候(问题 39),有一件事我忘了说:它们都在逃离我们。美国天文学家埃德温·哈勃(Edwin Hubble)第一个注意到,星系越远,它飞驰而去的速度就越快。这样继续下去,它们都会不见了!

现在我们不能把这当成是针对你的。其他星系都想离我们越远越好,这对我们来说并没有什么特别。不管我们在哪个星系，其他星系似乎都在离我们而去。这是因为所有星系之间的距离越来越大。但是为什么呢？

最简单的答案是，想象宇宙中的一切开始时都挤在一起，然后它突然爆炸了。所有的碎片飞散开来，离彼此越来越远——这正是我们今天看到的星系所在经历的。这次爆炸被称为"大爆炸"。

但我们怎么能确定宇宙大爆炸真的发生过呢？如果我们是对的，那么爆炸一定非常猛烈。猛烈的爆炸是炽热的；它们发射出大量的光和热——就像炸弹爆炸时发生的那样。来自大爆炸的闪光应该仍然存在于今天的宇宙中——在某个地方（它没有其他地方可以去！）。好吧，它早就冷却下来了，你再也不能指望能用眼睛看到它了。如今，它更像是无线电波，或者你妈妈使用的微波炉里的波。你也看不到这些。但只要有合适的设备，你就能探测到不可见的无线电波。

另外两位美国科学家阿诺德·彭齐亚斯和罗伯特·威尔逊成为第一批发现大爆炸辐射的人。它无时无刻不在从天而降，不分昼夜。它会干扰电视。如果你的电视机没有调到正确的电台，就会受到干扰——画面看起来像一场暴风雪。嗯，大约每100片"雪花"中就有一片是由大爆炸产生的闪光造成的。很不错的想法，是吧？你不知道自己家里就有一个大爆炸探测器，是吗？

因此，这就是大爆炸理论的由来。

问题 43
宇宙大爆炸之前有什么？不可能什么都没有。
索菲亚·达布诺（10 岁）

对于这个问题，我们一点头绪都没有。为什么？因为早期宇宙中物质的密度是如此之大。今天，如果我们能抹平所有的物质来填满整个空间，它就只会是一种非常非常稀薄的气体。现在想象一下时光倒流，不断回溯，一直回到大爆炸的那一刻。气体变得越来越厚，密度越来越大。它的密度变得和水一样，然后是和岩石的密度一样，然后是和铅的密度一样，继续下去。最后，当我们不断回溯、回溯，一直回到大爆炸发生的那一刻，密度就会变成超级巨大，甚至是无限（无限是任何人能想到的最大数字）大。无限密度是我们科学家无法处理的。当你长大了，轮到你当科学家的时候，我不知道你，或者其他任何人，如何解决这个问题。

事实上，当你看到第 66 个问题时，你会发现另一个使你的问题可能没有答案的原因。

问题 44
宇宙的年龄是多大？请试着回答，我已经考虑很久了。

罗茜·邦克（9 岁）

答案是大约 138 亿年！

"他怎么可能知道这些呢？！证人在哪儿？"我听到你的质疑。没有，没有目击者。人类第一次出现是在几百万年前。有趣的是，在做这种工作时，你会认为几百万年是微不足道的，"仅仅"是几百万年而已。那么，为什么我们能知道宇宙的年龄呢？

就像我刚才说的，由于大爆炸，今天的星系仍然在飞离。它们离得越远，飞离的速度就越快。如果一个星系的距离是另一个星系的 5 倍，那么它飞离的速度就会是另一个星系的 5 倍；20 倍的距离，20 倍的速度；以此类推。现在，你不必是一个天才就能从中得出结论，如果我们想象回到过去，当所有的星系都聚集在同一个地方时，就会到达一个点。

不仅如此，知道星系移动的速度，以及它们需要走多远才能彼此相逢，你就能计算出发生这一切需要多长时间。这反过来又告诉你大爆炸是什么时候发生的，这就是——

138 亿年前。所以，这就是我们计算宇宙年龄的方法——假设宇宙是在大爆炸的那一刻产生的。

问题 45
宇宙的中心在哪里？

克里斯托弗·摩尔（10 岁）

这是个好问题。你可能会认为宇宙起源于大爆炸，爆炸一定在某处发生过。你本应该可以参观这个地方，那里有一个告示，上面写着"宇宙大爆炸发生在 138 亿年前"，旁边还有一家纪念品商店和一家咖啡馆。

事实上，大爆炸远比这要更有趣、更神秘。这不是普通的爆炸——不是那种炸弹在某一点爆炸，将碎片抛向周围空间的爆炸。如果是这样的爆炸，你就能确定炸弹最初的位置。

宇宙大爆炸是一种特殊的爆炸，是这类爆炸中唯一的一种。当宇宙大爆炸发生时，不仅宇宙中所有的物质都被压缩到一点，整个空间也被压缩到一点。宇宙大爆炸之外没有空间。这意味着我们必须认为宇宙大爆炸无处不在。正是因为大爆炸无处不在，当空间被挤压得非常小的时候，你无法想象有一个特定的点是宇宙的中心——大爆炸就在这个点上发生,所有的星系现在都在从这个点急速飞离。

和你一样,我也需要一些帮助来理清自己的思绪,努力理解这些困难的想法。我的做法是:想象一个气球,一开始它非常小。

但后来,随着它的膨胀,它变得越来越大……

更大……

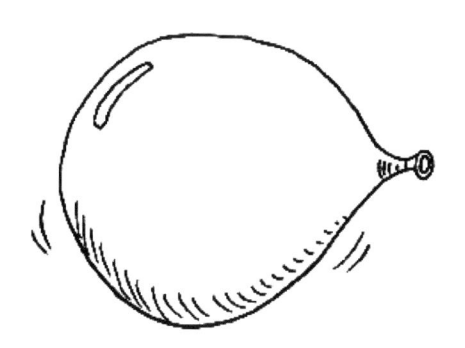

如果两只苍蝇降落在气球上，它们会发现彼此之间的距离越来越远。这并不是说它们要离开对方，它们分开是因为它们之间的橡胶皮膨胀了。

星系也是如此。它们之间的距离增加，不是因为它们在太空中移动，而是因为它们之间的空间在增大。随着空间的增大，它携带着的星系之间的距离也跟着一起增大。如今，太空仍在继续扩大，就像自宇宙大爆炸以来一直所表现的那样。

就像你不能看着气球的表面，然后挑出一个特殊的点，所有的橡胶都从这个点（气球表面的中心）开始膨胀一样，你也不能看着宇宙，然后挑出任何一个特殊的点，所有的空间都从这儿（宇宙的中心）开始膨胀。

问题 46
我对太空很感兴趣，想知道是否有很多其他的宇宙，还是只有我们的宇宙？

法蒂玛·梅霍（11岁）

这很难说。首先，这取决于你对"宇宙"这个词的定义。

有了越来越强大的望远镜，我们可以看到越来越微弱的星系；这意味着我们可以更深入地观察太空。但我们所能看到的范围是有限的，原因在于光从一个地方传播到另一个地方需要时间。光从太阳到地球需要8分钟；从最近的恒星出发需要4年的时间。光到达我们所需要的最长时间是多少？答案：宇宙的年龄。很明显，它传播的时间不可能超过这个时间。所以，我们不能指望能接收到已经传播了超过138亿年的光。反过来，这意味着它不可能来自一个距离大于光在这段时间所能覆盖的距离的地方。我们不可能知道在比这更远的地方还有什么东西存在。我们可以接收到一切在这个距离内发出的光，这一切都被称为"可观测宇宙"的一部分。

但我们认为宇宙远不止如此。为什么？随着时间的推移，我们接收到来自更远处的光，这是因为它需要更长的时间旅行。我们可以说，除了我们可观测的宇宙之外，外面还有宇宙的其他部分——在更遥远的太空中。

但这仍然留下了一个问题：是否有宇宙拥有自己的空间和时间——而这些空间和时间并不属于我们。事实上，它们也可能根本就没有空间或时间！这确实是难以想象的事情，但谁知道呢？也许有一些宇宙是建立在与我们完全不同的轨迹上的，只是我们不知道而已。更重要的是，很难想象我们如何能够知道。如果它们不是我们时间和空间的一部分，我们就不可能从它们那里得到任何信息。我们永远无法和它们取得联系，而没有这些，我们就无法证明它们的存在。

问题 47
世界将如何终结？

克里斯托弗·摩尔（10 岁）

我们不能确定，但有以下几种可能性：

所有的星系都因为大爆炸而飞离，但每个星系都在用自己的引力拉着其他星系，这意味着星系在逐渐减速。如果它们继续这样下去，它们最终会停下来，宇宙的膨胀就会结束。

接下来会发生什么？星系不可能只是无所事事地待在太空中，它们之间的引力仍然在互相拉扯着。所以，从现在开始，星系开始聚集。宇宙不再膨胀，而是开始收缩。这个过程会一直持续下去，直到所有的星系堆叠在一起……

天哪！

我们称之为大收缩。宇宙的终结。

那么，宇宙就是这样结束的吗？有可能。这取决于引力有多强。毕竟，随着宇宙的膨胀，星系之间的距离越来越远，它们之间的力也越来越弱；也有可能这种力在成功阻止星系前进之前就或多或少消失了而膨胀就会永远持续下去。这是另一种可能性。

接下来会发生什么？星星会逐渐耗尽所有的燃料；它们的火会熄灭。正如我告诉汉娜（问题 40）的那样，有些恒星最终成为燃尽的煤渣，有些则成为冷中子星；另一些则是黑洞。所有行星上的生命都将走向终结。就是这样，我们称之为宇宙热寂。

颤抖……

颤抖……

颤抖……

颤抖……

好吧，到底是什么？大收缩还是宇宙热寂？它取决于引力的强度。它是否强大到足以阻止膨胀？要回答这个问题，我们必须知道组成宇宙的所有物质——产生引力的物质的平均密度。密度非常接近我们所说的临界值。这就是宇宙在永远膨胀和大坍缩之间摇摆不定时所得到的密度值。这将使我们相信，宇宙将永远继续膨胀或逐渐停止——但只是在无限的未来。

但我们有了一个新发现。我们观察到，遥远的星系团非但没有减速，反而在加速！这是因为空间本身（所谓的空的空间）充满了一种特殊的能量。我们称它为暗能量——"暗"，因为我们看不见它。而这种暗能量会产生反引力。它不是像普通引力那样拉着星系，而是把它们推开。因此，随着星系以越来越快的速度向远处飞离，我们现在认为宇宙将会永远膨胀下去。

问题 48
当你穿过云层,穿过太空,然后离开太空时,会发生什么?之后还会发生什么?

约瑟夫(5 岁)

我们认为发生的是:

你穿过云层,然后飞到空中,比任何飞机都飞得高。然后你就在太阳、行星和宇宙飞船之间的太空中。然后你把它们抛在身后,开始穿越星星(它们和太阳一样,都是巨大的火球)。然后你经过更多的星星、星星、星星,更多的星星、星星、星星,更多的星星,和更多的星星,更多的星星、星星、星星,更多的星星、星星、星星……不断下去,直到你在世界上所有的纸上写满了"更多的星星"。即使这样,你的旅程才刚刚开始。

事实上,你永远不会走到太空的边缘。为什么?

因为如果你到了太空的尽头,那之后会有什么呢?很明显——什么都没有。所以它永远是延伸的,永远会有更多的空间,你不会走到它的尽头。这就是为什么我们认为太空是永无尽头的。

宇宙的尽头

然而，我们可能错了！如果我们踏上这样的旅程，经过一段时间后，我们可能会发现自己回到了地球上开始的地方！怎么可能发生这样的事情？

嗯，假设你不是进行一次太空旅行，而是进行一次普通的飞机旅行。你想象自己正朝正东飞行，你一直朝同一个方向飞行——一直朝正东飞行。

那将会发生什么？你会离起点越来越远吗？

刚开始的时候，是的。但一段时间后，当你在地球的另一边时，你就不会这样了。虽然你仍在向正东飞行，但最终你会发现自己回到了起点。这都是因为地球不是平的（像它看起来那样），而是一个又大又圆的球。在不知情的情况下，你正绕着一个大圆飞行，尽管领航员的罗盘一直指向"相同的"方向。

现在，虽然我们还不知道真相，但太空旅行可能也是如

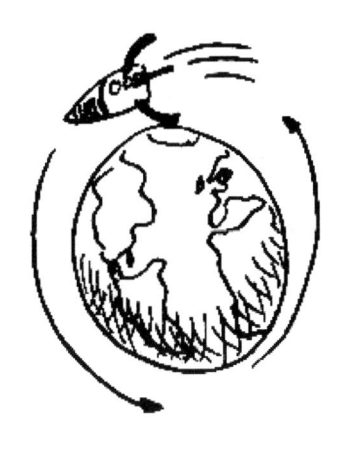

此。太空可能以某种非常奇特的方式弯曲，因此，尽管我们认为我们总是在同一个方向（一条直线进入太空），但实际上我们最终会回到出发的地方。这可能是另一种永远无法到达太空边缘的路径。

给你一个建议：如果你决定成为一名宇航员，在同意出发找寻这个问题的正确答案之前一定要再三思量。这可能是一场非常漫长而无聊的旅行。

问题 49
太空是由什么构成的？
法拉·莫里斯

有些人认为"太空就是啥都没有，仅此而已"。但实际上，你的问题问得很棒。答案并不是那么显而易见。

想要知道为什么，让我先问你一个关于空气的问题。你怎么知道，此时此刻，你被空气包围了？你可能会说"简单"。你把脸蛋吹得鼓起来，让我看。脸颊保持这样因为你嘴里的空气被压扁了。或者你可以挥舞一张纸，掀起一阵风。但是请注意，你在这两种情况下做了什么：你在干扰空气。你嘴里被压扁的空气比外面的密度大。至于那张纸，当它被挥动时，它前面堆积的空气比后面多。

但假设你坐着一动不动，也不呼吸。由于空气没有受到干扰——到处都是一样的，要知道它在那儿就困难得多了。

现在，我想让你想象一种到处都完全一样的"空气"。我的意思是，到处——它占据了整个空间。（顺便说一下，重新开始呼吸吧！）它是一种"空气"，当你移动时，它会在你不注意的情况下从你身边溜走；这种"空气"没有堆积在你面前，也没有留下任何空洞；这是一种"空气"，无论你想的是身体之外的空间、身体内部的空间，还是太空遥远的深处，它的数量总是完全相同的。

这种完全不受干扰的"空气"是不可能被探测到的；它是看不见的。为什么看不见呢？好吧，想一下你面前的这本书。你是怎么能看到它的？因为你可以从外面看。你可以说

"它就在我面前，在我的腿上。"但是我们所说的"空气"并不是这样的。它无处不在，它没有棱角；你无法从外面看到它，因为你永远身在其中。这就是为什么它是无形的。

令人惊奇的是，这就是我们科学家有时对空间的看法——所谓的"空白空间"。我们不会认为它什么都不是；我们认为它是一种"空气"，到处都是一样的。因为它在任何地方都是一样的，我们看不到它，它的样子和行为——就像什么都没有！

"多么愚蠢！"我听到你说。但等一等，我还没讲完呢。如果这种类似太空的"空气"在任何地方都保持不变，它将无法被探测到。如果是这样的话，我同意这种想法应该是愚蠢的。但事实并非如此。在非常特殊的实验中，科学家能够干扰这种类似太空的"空气"。我们可以在上面打洞！当我们用力撞击空间时，我们可以敲出一点空间；我们看到被撞击出来的粒子（它曾经是类似太空的"空气"的一部分），我们看到留下的洞（它也表现得像粒子——我们称之为反粒子）。

最重要的是，我们已经看到了太空是如何充满暗能量的。谁能想到"什么都没有"会这么有趣！

引 力

问题 50
为什么世界是一个球体,而不是锥体、圆柱体、长方体或三棱柱?

娜塔莉·穆恩

所有的东西都在互相拉扯着。如果你在空间中放置两个物体,无论它们是什么(两个原子,两只大象,你和我),它们都相互拉着对方;它们试图走到一起。这种拉力叫作引力。一个物体质量越大,它的引力就越大。两个物体越靠近,力就越大。

地球最初是由一团尘埃和气体形成的,其中的每个粒子都拉着其他粒子。它们离得越来越近,引力也越来越强。这些尘土和物质互相挤在一起，试图尽可能地靠近彼此。使本来已经紧密挨一起的物体尽可能更加靠近彼此的方法是——让它们形成一个圆球；这是把东西压在一起的最简洁的方式。这也是为什么地球、太阳和月亮最终都是圆的。

问题 51
东西滚下山，为什么不滚上来呢？

索菲·希布斯（10 岁）

这都是因为我跟娜塔莉说过的引力。山上的东西就像最初聚集在一起形成地球的尘土，所有这些碎片都尽可能地靠近彼此。山上的东西的行为也是一样的，它也试图尽可能地靠近其他所有的东西。好吧，山顶上的东西把它往相反的方向拉——向上，但地球上的其他部分都在把它往下拉。毫无疑问，地球上的其他东西获胜了，这个东西向下滚动了，而不是向上。

这真是太遗憾了。如果我能说服我的车能像下山一样地上山，我就能省下一大笔油钱。

问题 52
如果你站在南极，为什么你不是头朝下？

安吉拉·查万（9 岁）

我们所有人一开始都认为地球是平的，水平的，并且在太空中有一个特殊的方向叫作"向下"。这是所有物体被拉着的方向。在空中跳起来，你会再次被拉到地球表面。当你坐着读这本书时，你被拉到你的椅子上。

但这不是考虑这个问题的最好方式。正如我们所看到的，地球不是平的：它是一个圆球。地球的引力试图把你拉向球的中心，不仅是你，它拉着每一个人和每件东西，无论这些人或物在哪里——在北极、南极、赤道，或在两者之间，他们都被拉向地心。

每个人都说自己正在被向下拉。"向下"这个词是指从地球表面的任何地方到地球中心的方向。问题是，所有的"向下"都是不同的！如果你在北极，你的"向下"与在南极的人所说的"向下"的方向相反。

这是一件好事，不是只有一个"向下"的方向。如果只有一个"向下"的方向，而且是我们的"向下"，那么地球上住在我们对面的人得要倒立着。不仅如此……当所有的空气、海洋中的水都被倒转时，它们会发生什么变化呢？

问题 53
行星和太阳是如何留在天空中的，为什么它们不会掉下来？

莱奥尼·兰伯特

我已经解释过，所有东西是如何通过引力吸引其他东西的。这种力贯穿整个空间。物体距离越远，它就越弱，但它始终存在；它永远不会变成零。这意味着地球和太阳、月球、其他行星之间都在相互拉扯。所以，你是对的；你会认为它们会相互压在一起，叠成一堆。但出于某种原因，它们并没有。为什么？

答案是它们都绕着对方旋转。地球和其他行星绕着太阳转；月亮绕着地球转。这有什么帮助？好吧，假设你把一块砖绑在一根绳子的一端，然后把砖绕着你的头旋转。（但不要在窗户附近这么做！）你在拉砖块，但砖块不会靠近你。你所有的努力都是为了让砖块保持圆周运动。如果你停止拉的动作（就是说，放开绳子），你知道将发生什么？——砖块会飞向远方。

这就是太空中正在发生的事情。地球在尽其所能地拉着月球,但它并没有从天空中掉下来,因为它是沿轨道绕着我们运行的。同样地,地球和其他行星不会掉到太阳里,被太阳的火焰烧毁,因为我们是沿轨道绕着太阳运行的;地球和其他行星也不会落入太阳,并被太阳的火焰毁灭,因为我们是在绕太阳运行的轨道上运行的。我们都在转圈圈,这对我们来说是幸运的。

问题 54
我的问题是,地球是如何一直绕着太阳转的?
瑞秋·卡布丽兹(9岁)

当你骑自行车的时候,你知道必须不停地踩踏板才能继续前进。同样地,当你妈妈把脚从油门上松开,她的车就会减速。或者假设你让一本书滑过桌面,它很快就停下来了。我们从这些例子中可以明显看出,移动的物体往往会停止。为了让物体保持运动,你必须不断地推动它。所以,如果地球持续以高速绕太阳运行,一定有什么东西在推动它,对吗?

错了!我喜欢科学的原因之一就是它总是能抓住你的把

柄。乍一看似乎很明显的东西，其实恰恰相反，比如说，运动的过程。要使某物以稳定的速度移动，其实你不必一直推它。

"嗯！"我听到你咕哝，"那自行车、汽车和滑动的书本呢？"

请让我说完。我是说你不需要一直推下去——假设没有任何其他力量试图让它慢下来。这是经常被忽视的重要部分：是其他的力量让一切变得不一样了。

当书滑过桌子时，会产生摩擦；桌面有点粗糙，这减慢了书的速度。汽车和自行车也是如此。当一个表面与另一个表面摩擦时，就会产生摩擦力，比如，当旋转轮的中心部分与自行车车架接触时，你可以通过使用滚珠轴承在一定程度上减弱这种减速力，但你不能摆脱它——不能完全摆脱它。

然后是空气阻力。当你和自行车向前移动时，你必须推开挡道的空气，为自己腾出空间，这是需要用力的。同样地，你也可以通过蹲伏在车把上来减少这种减速力，但是你也不能完全摆脱这种减速力。所以，这就是为什么你需要不断地踩脚踏板，这是为了克服减速力。

这与你关于地球运动的问题有什么关系？很简单，太空中没有空气，所以没有空气阻力。不仅如此，地球没有摩擦任何表面，所以没有摩擦力。事实上，没有任何东西试图让它慢下来。这反过来意味着我们不需要不断推动它来保持它的运动。这倒也不错。想象一下，你需要什么样的发动机才能让一个像地球这么大的"交通工具"持续运转，再想想燃料费用吧！

问题 55
我想知道潮水是如何涨落的。
裴俊浩（7 岁）

月球的引力不仅牵引着地球固态的部分，而且也牵引着海洋。水，因为"松散"，很容易变形——它被拉出一个椭圆形——鸡蛋形状，但固体的地球仍然大致是圆的。

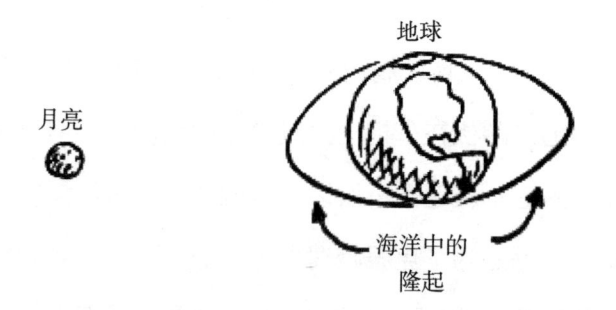

月亮　　　地球
海洋中的隆起

当地球绕地轴自转时，海洋中的突起趋向指向同一个方向，即指向月球。这意味着每 24 小时，海岸线上的一个点会有两次水位上升，然后下降。这就是我们所说的潮汐。

实际的情况要复杂得多，因为太阳也会吸引水，使其呈椭圆形。因为它的距离比月球远得多，所以它的影响不到月球的一半，但它确实也产生了自己的潮汐作用。当月亮、太阳、地球排成一列，三个方向都相同（每月两次），然后两个潮汐效应相加，其中会出现特别高的潮汐和特别低的潮汐。当太阳和月亮以直角相互拉扯时，高潮汐和低潮汐之间的差别就不那么大了。

问题 56
你是如何在太空中飘浮的？

菲利普·布朗宁

宇航员在太空中飘浮的方式非常令人困惑。如果你站在地球上，你跳起来，你很快又会被引力拉回地面，你不会飘浮起来。那么，这是否意味着宇航员所在的地方没有引力？

不。正如我刚才告诉莱奥尼的（问题 53），地球的引力一直延伸到太空。宇航员正被拉向地球中心，就像我们一样。所以，他们飘浮的真相不可能是因为他们所在的地方没有引力。

答案是，关闭火箭引擎后，宇航员的宇宙飞船表现得像月球，它只是沿着轨道绕地球运行。地球的引力仍然在拉着它，但这种"拉力"都被用来维持宇宙飞船大致的圆周运动了，没有剩下的力能把它带到地球表面。事实上，宇宙飞船已经成为地球的一个额外的迷你"月球"。

宇航员也是如此。他们自己在滑行，通过沿轨道绕地球运行来抵消作用在自己身上的引力。他们也变成了"小月球"！但是他们的轨道和宇宙飞船的轨道是一样的，所以他们一起滑行。这就是为什么当我们看到他们在宇宙飞船里，或者在飞船旁边进行太空漫步时，他们看起来是飘浮着的。这有点像两辆车以相同的速度并排在高速公路上行驶。对乘客来说，当他们彼此对视时，对方似乎都没有动，但事实上，他们都在加速前进。

问题 57
为什么太空中没有空气？
威廉·格洛克

又一次的，还是因为引力。地球、太阳和其他行星都拉着太空中的空气和其他气体，就像它们拉着其他一切东西一样。这就是为什么你会发现空气包裹着地球表面，而不是在太空中均匀分布。

正因为如此,你可能会认为所有的空气最终都会平躺在地面上——就像雨滴被引力拉下来,最后变成水坑一样。如果是这样的话,为了生存,我们将不得不用我们的双手和膝盖爬行,用我们的鼻子在地面上嗅空气!但实际情况并非如此,因为空气是气体。气体的一个特点是,它们最小的部分(气体的分子)总是像疯了一样乱窜,它们连一分钟都坐不住(就像我认识的一些人)。如果没有引力抓住它们,它们就会飞向太空,就像松开了皮带的狗一样。这就是为什么空气不是简单地散布在地球表面,而是稍微向上扩散的。分子总是试图逃逸到太空中,但它们总是在走远之前被拉回来。

靠近地面的空气较厚,然后在高空变得稀薄。你可能知道,当登山者攀登很高的山峰时,他们经常带着自己的氧气供给,并戴着氧气面罩。如果他们不这样做,他们就会一直喘气,不得不经常停下来喘口气。现代喷气式飞机也有同样的问题。它们飞得如此之高,以至于必须让机舱内充满空气,以使乘客和机组人员有足够呼吸的空气。

太空旅行

问题 58
如果火箭只有一部分能够返回地球，那么为什么火箭需要有这么多的部分？

菲·沃特金斯（7 岁）

一次典型的火箭发射要消耗大量的燃料，所以火箭必须配备能够容纳足够燃料的巨大油箱。这些都十分沉重，而且仅把油箱抬起来就需要消耗很多的燃料。一旦某个储罐被清空，它就已经完成了自己的任务，不再被需要了。那么为什么要消耗更宝贵的燃料来让它继续升空呢？所以，最经济的做法是，现在立刻就将它处理掉。这就是所发生的事情。空燃料箱——连同发动机和其他已经完成工作而不再需要的部件——它们被分离,只留下太空舱或航天飞机完成最后的旅程。这是进行太空旅行最简单、最便宜的方式。

注意!太空工程师的这种行为可不能成为把空可乐罐扔出车窗的借口,因为它们是空的,不再被需要了,就把它们扔出车窗。我真的很讨厌那些把烂摊子留给别人收拾的人!

问题 59
为什么火箭的形状是这样的?

艾米·希克森(9岁)

我告诉瑞秋(问题54)空气阻力的减速效应。为了将此减少到最低限度,我建议她骑自行车的时候应该蹲得低一些。设计汽车或欧洲之星特快列车时也是如此,它们被制作得光滑而圆溜溜的,这样它们就能更加容易地在空气中穿行。如此一来,它们不需要被大力推动就能保持稳定的速度,而且每升燃料可以跑更远的距离。

因为火箭开始它的旅程必须穿过地球的大气层,它也必须把空气阻力保持在最小。这就是为什么它被设计得光滑而尖锐。

但对于太空舱——将太空旅行进行到最后阶段的那个部分来说，它或多或少可以是任何形状的，因为外面没有什么空气了。这就是为什么在月球上着陆的阿波罗飞船看起来一点也不像火箭。

提醒你，如果你有一艘完成任务后返回地球的飞船，它必须再次穿过地球大气层来完成它的旅程。但现在你不用担心空气阻力对它的减速作用，恰恰相反，这艘飞船正在高速飞行，在着陆到地球表面之前，它必须完全没有速度。这次的目标不是减少空气阻力，反而是利用它。飞行器的前端很宽，这能增加空气阻力的减速作用。飞船前部的这部分被称为"隔热罩"。当飞行器进入大气层，空气"摩擦"防护罩表面时会产生强大的摩擦力，这样的摩擦力能把防护罩加热到灼热。这就是为什么飞船能够减速并安全着陆。这说明空气阻力并不总是坏事。

问题 60
为什么宇航员要穿太空服？

马可（8岁）

当然，和其他人一样，宇航员也需要呼吸。空气中含有一种叫作"氧气"的气体。我们必须不停地吸入氧气才能活下去。但是,正如威廉刚才指出的(问题57),外太空没有空气。

宇航员必须自己携带补给。他们的船舱里有氧气,所以他们可以正常呼吸。但如果他们走出飞船,进行太空漫步,他们就必须戴上头盔,穿上特别密封的宇航服。他们背上绑着的巨大容器将宝贵的氧气输送到他们体内。

问题 61
穿着高压太空服的宇航员能哭吗?

匿　名

虽然宇航服很笨重,但宇航服内的压力并不是特别大。事实上,我们的目标是要有一个与我们在地球表面习以为常的类似的压力。宇航服必须非常坚固,以确保它们不会被轻易刺穿,如果宇航服被弄破了,空气会逸出到压力为零的太空中。所以,如果你认为宇航员的眼睛会因为压力而流泪,那么事实并非如此。

然而,他(或者是她)仍然会有一个问题。眼睛里噙满了泪水,但泪水不会顺着脸颊流下来。引力不会把它们往下拉（也许这就是你问这个问题的原因），所以宇航员很难看清楚东西。因此，不要哭，尽快振作起来是个好主意。

其实，如果我是宇航员，哭就不是我最担心的事了。《2001》是一部关于太空旅行的精彩电影，我对这部电影印象最深的是，有一个人想上厕所，他得先读一长串的说明，上面指示了如何在零重力的条件下上厕所！

问题 62
外太空中有多少外星人？

凯　蒂

这是我经常被问到的一个问题。恐怕我不知道答案。没有人知道是否有外星人或者我们人类是否是宇宙中唯一存在的智慧生命。

研究正在进行中。科学家们正在收听无线电信号，这些信号可能是太空中另一个星球的外星人向我们发送过来的。但到目前为止，什么信息也没有收到。

那里有生命存在的可能性有多大？我觉得可能性很大。在围绕太阳运行的其他七颗行星上，似乎都不存在生命，但还有很多其他的"太阳"。正如我们在问题35、38和39中看到的,天空中的每一颗恒星都是一个"太阳",而且多达数十亿颗。

我们预计很多恒星都有围绕着它们运行的行星。事实上,现在已经发现了成百上千个属于不同"太阳"的行星。当然,就像大多数属于我们太阳的行星一样,它们要么离恒星很近,温度太高,无法形成生命(就像我们的行星水星);要么它们的轨道将它们带离恒星太远,温度太低(就像我们曾经的行星冥王星);要么它们可能太小,无法拥有附着的大气层。由于这些原因,大多数行星上都不会有生命。

但我们也期望,偶然间,会有一些行星在恰好合适的距离上,它拥有合适的温度,并有足够的引力来维持大气层,它们也可能有水。如果具备这些条件,那么这颗行星至少有让生命开始的机会。毕竟,我们可以在形成恒星的尘埃云中找到构成我们身体的各种物质。

最初的生命形式很简单——很小很小的虫子。但随着时间的推移,它们可能会变得更大、更复杂。谁知道呢,也许最终它们也会像我们一样。它们看起来不会像我们人类——可能非常不像——但它们可能和我们一样聪明。它们可以向我们发出信号。它们甚至可能会来拜访我们!但在我们为此感到兴奋之前,我们必须记住,任何外星人都会生活在离我们非常、非常、非常、非常远的地方。这样长距离的旅行是困难重重的。这不仅仅是攒钱买车票的问题，这趟旅程要花很长时间，它们可能还没到达就已经死了——这使得这一切都没有任何意义了，你不觉得吗？

"但是，"你可能会说，"那些不明飞行物和玉米地里的有趣圆形图案呢？难道不是因为从太空来的外星人吗？"

好吧，我只能说在这一点上你得自己拿主意了。对我来说，我认为玉米圈是某人开的玩笑。至于不明飞行物，有些是众所周知的骗局，有些是无害的东西，比如飘浮在空中的气象气球。至于其他的，谁知道呢？

我认为你必须记住的一件事是，属于不同"太阳"的行星之间的距离是如此之大，这是对空间技术的极限挑战——坦白地说，我不认为外星人会费心前来。毕竟，如果它们的技术有那么好，它们可能可以接收我们的无线电和电视信号。现在，我问你，你真的认为一个外星人打开我们那些著名的谈话节目时会想"天哪，多么智慧、聪明、有趣的人类啊。为了面对面地进行这样一次智慧的对谈，值得旅行 40 万亿千米。"

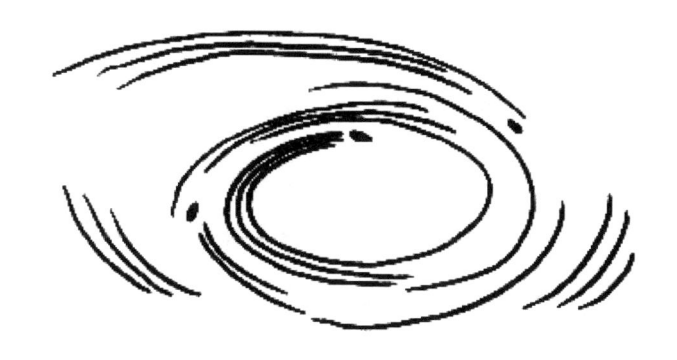

黑 洞

问题 63

太空中的黑洞是什么?

丹尼尔·比尔顿

黑洞让我不寒而栗。它们真的非常非常讨厌。所发生的一切是这样的:

正如我们所看到的,每颗恒星都是一个巨大的炽热气体球,就像太阳一样。因为温度太高,气体会疯狂地摇晃。只不过所有气体的强大引力使它们聚集成一个圆球。

但是,当然,正如我告诉汉娜的(问题 40),恒星不可能永远燃烧;就像其他火团一样,它会耗尽燃料。热量的供应被切断了，但气体仍在发光并向太空散发热量，所以它慢慢冷却下来。晃动减缓了，这意味着重力可以更紧地抓住气体，把它拉得更近。但气体的原子越靠近彼此，它们的引力就越强，从而它们被拉得更紧，这意味着引力变得更强，这意味着气体变得更紧密，这意味着引力变得更更强，这意味着原子变得更更加紧密，这意味着引力变得更更更强……如此下去。

这一切在何处终结？如果这颗恒星的质量真的很大——比太阳的 2.5 倍还要大——它就会突然坍缩。这里发生了超新星爆炸，中心处形成了一个黑洞。

黑洞的引力是如此巨大，以至于任何靠近它的东西都会被吸进去。一旦你被黑洞吸进去，你就完蛋了，再也出不来了。事实上，黑洞附近的引力非常强大，甚至连光都无法逃脱它的魔爪——光线也会被吸进去。

所有落入黑洞的东西最终都会在黑洞中心的某个点上终结。我不知道你是怎么想的，但我发现，像恒星这样的庞然大物（太阳可以容纳一百三十万个地球大小的行星）被碾压成比最细的针尖还要细微的东西，这绝对令人惊讶。

事情还没结束。我们相信黑洞可以通过第二种方式形成。回想一下恒星是如何在星系中聚集在一起的（问题 38）。星系中所有的恒星都通过它们的引力相互吸引。它们没有全部堆在中间的原因是因为它们在围绕星系中心的轨道上；整个星系像漩涡一样旋转着。

至少，这是恒星通常的状态。但有时一颗恒星会特别靠近另一颗恒星，使其路径发生偏转。如果不幸的话，它现在可能会发现自己正朝着星系的中心移动。随着时间的推移，许多恒星很可能最终会落在中心。由于没有任何东西将它们分开，它们相互碰撞并融合在一起，形成一个真正巨大的黑洞——一个可能包含数万亿颗恒星的黑洞。人们认为大多数星系的中心都有一个巨大的黑洞。黑洞聚集的恒星越多，它的引力就越强，就越有可能捕捉到更多的恒星。最终，星系中所有的恒星可能都被吸进去！

问题 64

我们俩对科学都很感兴趣。如果可能的话,我们希望更多地了解太空中的黑洞。我们已经讨论了好几个月了。我们知道,没有人试图进入其中,因为他们认为这是一条单向隧道。我们都认为另一边存在着什么。我们知道后果很危险,但我们都很好奇,我们希望能获准进入。你能不能告诉我们一些能够帮我们实现梦想的人的地址?

两名隐去姓名的男孩

我不太确定你们为什么对自己是否能进入黑洞并从另一端出来这么感兴趣。如果你想要逃离你所在之处,那么你利用黑洞作为逃逸渠道的想法是非常巧妙的。我敢肯定以前从来没有人想过。如果你真的发现了一个黑洞,并且进去了,我可以很确定没人会去那里找你。这是个好消息。坏消息是你会死!——我不仅仅是说"死",我是说"死得很惨"!

如果你的脚先进去,那么你的脚在被吸进去时会被扯掉脚踝;然后你身体的其余部分也会接二连三地被压扁,你的肋骨会从两侧被压扁,最后你的整个身体会被压扁成一个点。

这就像旧汽车被压碎成一小块废金属——只是你太小了，没人能看到你。这一切很快就会结束——但是，天哪，这会很疼的。

接下来你会怎么样？大多数科学家认为那将是你的终结——你将继续在一个点上被压扁。但有一种观点认为这可能不是真的。在被压缩到一点后，你会沿着一个叫作"虫洞"的隧道旅行，你身体会一块块地从另一个宇宙的白洞中喷射出来。最后自由了，你逃出来了！可是你出来的时候你的身体就会像一碗经过搅拌器的汤。

问题 65
如果你不曾从黑洞中出来，我们凭什么认为会有黑洞呢？我想成为一名科学家——因为这将是令人兴奋的事。
詹姆斯·奥肯登

这是个很好的问题。没有多少人想到这一点。但你说得很对：没有人能从黑洞里出来告诉我们那里是什么样子的。不仅如此，黑洞本身不发出任何光，也不反射任何照在它们身上的光，所以我们永远都不可能有希望看到一个黑洞，更不用说进入黑洞内部了。那么，为什么我们科学家对它们的存在如此自信呢？

你还记得那个"看不见的男子"的故事吗？有一个人能让自己隐形，这样一来你根本看不见他，你的目光直接穿过了他。当他想要向人们展示他所在之地时，他会穿上衣服，在头上缠上绷带。这样，通过观察这些衣服在做什么，人们可以"看到"他就在房间里。当然，他们并没有真正看到他，他们看到的是衣服和绷带。如果你有机会观看《隐形人》这部电影，千万不要错过。这是一部黑白片，但非常棒——大多数黑白电影都很棒。

这有点像黑洞。你看不到黑洞本身，但你可以观察到它对附近物体的影响。首先，许多星星是成对出现的。不是行星围绕太阳转，而是两个"太阳"（意思是恒星）围绕彼此旋转。有时，其中一颗恒星，当它年老并燃烧殆尽时，坍缩成一个黑洞。但这并不意味着它消失了，被压扁的恒星仍然在那里，它仍然用引力拉着另一颗恒星。所以这颗明亮的恒星仍然像以前一样绕着它的轨道运行。但现在，我们看不到两颗恒星围绕对方旋转；相反，我们看到一颗恒星绕着……嗯……什么？什么都没有？不可能是那样的，恒星不会这么做的。我们知道它一定绕着什么东西转——即使我们看不见那是什么，也就是说，即使它是看不见的。不仅如此，如果我们能测量出这颗明亮的恒星绕其轨道运行的速度,我们就可以计算出需要多大的引力使它保持在该轨道上。这也意味着我们可以计算出这颗看不见的恒星的质量。结果是,它的质量非常大——就像你想象的恒星坍缩成黑洞时的质量一样大。

(我希望你已经被说服了!如果没有,请继续阅读……)

我说过,任何离黑洞太近的东西都会被吸进去,这也适用于围绕黑洞运行的恒星的大气层。它的顶层有时会被扯掉并被吸入黑洞本身,就像洗澡水流入塞孔。洗澡水越接近塞孔流得就越快,所以从恒星捕获的气体云在旅程的最后阶段会加速。它们变得如此之快、如此之热,我们知道它们一定是被一种绝对巨大的引力加速的——这种引力只有在黑洞中才能获得。

正如我所说,我们知道黑洞的存在就像我们知道有一个看不见的人一样。当然,隐形人是在一个虚构故事里的,但我们不认为黑洞是虚构的!

我很高兴你想成为一名科学家,詹姆斯。就像你说的,这会很刺激,但这也是一项艰巨的工作,不过任何值得做的事情都是如此,你不觉得吗?

时　间

问题 66
时间是从什么时候开始的？

麦肯纳·米尔斯（9岁）

宇宙是在大爆炸中产生的。这里我们指的不仅仅是宇宙中的所有东西，它也标志着空间的创造。回想一下我是如何回答法拉的（问题 49），对于太空，我们科学家有一些非常奇怪的想法。对大多数人来说，空间（指空的空间）只是"什么都没有"。但我们不是这么看的。对我们来说，它是"某物"，非常非常地平滑、平坦。就像所有"东西"一样，它需要被创造出来。

一开始，它被挤压成一个完全没有大小的点，然后随着大爆炸，它突然膨胀。它还在继续膨胀。这就是为什么遥远的星系正在彼此快速地分离；它们之间的空间正在膨胀。这并不是说星系在太空中运动，相反，是运动的空间本身带着星系一起移动的。

如果你觉得这是一个很难理解的想法，试着想象一个橡胶气球，上面粘着 5 便士的硬币，现在把气球吹起来，硬币会发生什么？它们彼此分离。这是因为硬币在橡胶上滑动吗？不是的。它们这样移动是因为它们之间的橡胶在膨胀。这就是太空中发生的事情。宇宙空间的行为就像那张橡胶皮，而星系表现得就像硬币。

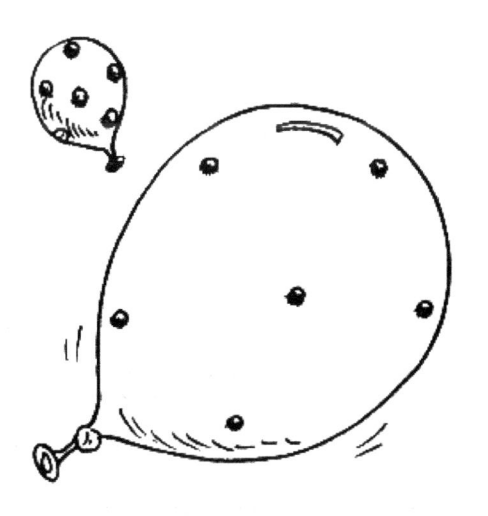

那么,这和你关于时间从何时开始的问题有什么关系呢?嗯,正如大爆炸标志着物质和空间的产生,它也标志着时间的产生。换句话说,大爆炸标志着时间的开始!在宇宙大爆炸之前没有时间。这就是今天的科学家所认为的。但他们并不是第一批提出这个惊人想法——在世界被创造之前没有时间的人。有人比他们更早提出来——他生活在1600年前,他对现代科学和宇宙大爆炸一无所知,他的名字叫圣奥古斯丁。他的辩论方式是这样的:

我们怎么知道有"时间"这样的东西呢?这是因为事情在变化。某刻,选手们站在跑道的起跑线上;在另一个时刻,这些同样的跑步者在跑道上跑了一半。这两者有什么区别?时间。我们谈论的事情发生在两个不同的时间。这就是我们所说的。然后我们可以发明时钟和手表,它们会有规律的变化,这样一来我们就可以测量时间的变化;我们可以说时间上的差异是5秒,或者6秒,或者别的什么。这样,当我们谈论"时间"的时候,我们都认为我们知道自己在说什么。

但是,圣奥古斯丁说,假设什么都没有改变,假设一切都没有改变。在这样一个世界里,我们会知道时间是什么吗?他的回答是否定的。我们甚至不会意识到什么都没有改变,因为我们的大脑里什么也没有发生。(所以,没关系,在这样的世界里你不会感到无聊；无聊是需要时间的。）

所以，一个什么都没有改变的世界会是一个没有时间的世界。至于一个甚至还没有被创造出来的世界——所以根本就没有任何东西，更不用说会改变的东西了——显然是不会有时间的。这就是圣奥古斯丁认为在世界被创造之前不可能有时间的原因。你不觉得他很聪明吗？

问题 67
如果地球停止旋转并反转，我们会像往常一样继续生活，还是会回到过去？

吉玛（10岁）

就算地球的自转逆转，我们也无法回到过去。事实上，我认为回到过去是不可能的（尽管在科幻小说和电影中是这样描述的）。这些想法可能让你觉得很有趣，但如果你认真对待，你很快就会遇到问题。假设，你突然被传送回一个更早的时间，发现自己驾驶的是一辆马车。当你在担心如何回到现在的时候，你的思想在游荡，你不小心撞死了你的曾祖母。如果那样的话，她就不能生下你的祖母，而你的祖母又不会生下你的父亲，那么也不会有你。所以，你一开始就不可能回到过去,因为你不可能在第一个(或者最后一个)地方存在。

请注意,如果地球的自转突然逆转,你仍然不可能"照常运行"。想想看:地球赤道的长度大约是 4 万千米。地球每 24 小时自转一次。所以这意味着站在赤道上的人实际上是以每小时 1666 千米的速度在太空中旋转(当然这看起来不真实,因为赤道上的一切都以相同的速度运行)。现在,假设地球突然停止自转。

将会发生什么?地面上所有松散的物体(例如人)将以每小时 1666 千米的速度移动,而山丘和山脉则不会。所以他们最好小心点!还有一种被称为海洋的松散物质。所有的海水会突然以每小时 16666 千米的速度涌上海岸。

在我看来,地球在很长很长很长一段时间内保持现在的状态是一件好事!

问题 68

我知道巨大的望远镜可以看到远处的、过去的光。但如果你在太空中有一面巨大的镜子，镜子能反射出地球，地球上的望远镜能从镜子中看到地球的过去吗？或者望远镜能通过镜子看到地球的未来？你不觉得这很令人困惑吗？

保罗·坦奇（10 岁）

我们在问题 46 中看到，光从一个地方传播到另一个地方需要时间。所以，无论何时你接收到光，它都是"旧"光。换句话说，它告诉你在它被发射出去的地方，曾经是怎样的情形。因为光速是如此之快（光可以在说"米布丁"的时间内绕地球运行 5 圈），在正常的日常生活中，这些时间延迟是如此微小，以至于我们根本没有注意到。我们认为，我们现在所看到的情形告诉了我们现在事物的实际情况。

但在太空中，情况就不同了，因为距离要长得多。例如，光从最近的恒星到达地球需要 4 年多，所以，当我们在此时此刻"看到"这颗恒星时，我们实际上看到的是这颗恒星 4 年前的样子。这个天体离我们越远，我们接收到的光线就越"古老"。来自遥远恒星的光可能是很久以前发出的，以至于这颗恒星本身可能已在此后的一次超新星爆炸中爆炸。今晚我们用望远镜观察它，它甚至已经不存在了。至于来自宇宙最深处的光，它花了几乎整个宇宙的生命周期——大约 138 亿年才到达我们这里。

现在来看看你的特殊问题：你必须想象光离开地球——假设是在 1900 年——旅行到你遥远的镜子上，然后反射回地球，这样今天就到达你的望远镜。今天，这束光将告诉我们，1900 年这束光发出时，地球上发生了什么，所以这给了我们一个回顾过去的机会。它当然不能告诉我们未来，你不可能通过在太空中设置镜子，提前知道下周的彩票中奖号码，如果这是你的想法的话！

问题 69

真的有和我们的维度完全相同的维度，只不过是向后的吗？如果是这样，它是像倒带的视频，还是像在照镜子？

凯蒂·西格里斯特（10 岁）

日常生活的镜子反射出来的影像看起来和真实生活一样。当然，如果你把这页纸上的字对着镜子看，它会显得很奇怪。

但那只是因为很久以前人们就决定按照他们现在的方式来排列字母,把这些字母反着写也是很容易的事情——从后到前。事实上,一位著名的科学家,列奥纳多·达·芬奇,他所有的笔记都是倒着写的。他可怜的读者不得不把这些笔记举到镜子前,这样看起来才是正常的!

所以,凯蒂,这意味着如果一个人生活在宇宙空间维度颠倒的地方(左是右,右是左),它不会真正影响任何事情;生活将照常进行。

我更感兴趣的是你把时间维度倒过来的建议。在这里,我们不会认为自己会突然跳回到一个更早的时间点,然后过上正常的生活(就像我刚才和格姆讨论的那样)。不,那将是一个时钟倒转的世界:旅途开始时,汽车将不加汽油,吸入而不是排放废气,最后旅途结束时加满油箱;我们所有人都将以一个被从坟墓中挖出来的老人开启我们的一生,我们会逐渐变得更年轻,最后以一个刚被母亲生下来的小婴儿模样结束我们的人生。正如你所说,这将是一个表现得像视频回放的世界。

这并不像你想的那么愚蠢。科学家们非常怀疑是否有一天(整个宇宙——而不仅仅是一部分)的时间会发生逆转。那并不意味着你和我将重复我们的生活,第二次回放。不,这意味着新的不同的人，从那时起，将生活在那个奇怪的世界里。

现在，看在老天的份上，不要到处告诉你的朋友们"艾尔伯特叔叔说，时间总有一天会倒退"。这几乎肯定不可能。这只是一个想法，现在大多数科学家都认为这是一个垃圾想法。而且，即使时间倒流了，我们能知道吗？不。问题是，在一个一切都倒退的世界里，你的大脑也会倒退，所以你的思维也会倒退。如果你能用一个向后思考的大脑看一段向后播放的视频，这两个"向后"就会抵消：一切看起来都很正常！所以，从某种意义上说，时间可能已经在倒退了，而我们却不知道！这一切都让人难以置信，你不觉得吗？

力和运动

问题 70
飞机是如何在天空中飞行的?

阿迪尔（7 岁）

首先，一架飞机需要一台发动机。它从前面吸进空气，然后从后面喷出去。这样，飞机就能抓住空气，并"拉"自己前进。

到目前为止，一切顺利，但这只会让我们冲下跑道，我们还没有离开地面。这是怎么发生的？这就是翅膀发挥了作用。空气在机翼的下侧向上推动，这就是飞机升入天空的原因。

但是为什么空气会有这样的行为呢？为什么它是向上推而不是向下推？答案就在它翅膀的灵巧形状。如果你从侧面观察飞机，你可能会看到机翼是弯曲的：它的顶部是圆的，下面是平坦的。事实上，飞行员可以通过移动机翼后面一些被称为"襟翼"的零散部件来改变机翼的形状。当它们被推出来的时候，它们就会垂下来，这样翅膀的形状就会在下面呈凹陷状。这样做的结果是，当飞机向前移动时，机翼上方的空气相当迅速地从圆形的顶部表面掠过，而机翼下方的空气则倾向于陷进空洞中。这样机翼下方的空气就会积聚起来，比机翼上方的空气密度大。所以，当对机翼向上推动的下方空气多于对机翼向下推动的上方空气时，飞机就会向天空上升。

飞机制造商就是这么跟我解释的。我相信他们是对的。这是一个很合理的解释。我每次看到那些巨大的金属盒子在跑道上缓慢前行，里面装满了人、行李、塑料餐盒、厕所等等，我都忍不住想："这太愚蠢了。它不会成功的。空气怎么能托住这么多东西呢？"但它确实做到了！奇怪！

问题 71
为什么飞机不能进入太空？
丹尼尔（7岁）

你飞得越高，空气就越稀薄。最后你会完全耗尽空气，然后你就进入了太空。

但是飞机需要空气来推动自己前进。没有空气，飞机就不能上升。

这就是为什么如果你想进入太空，你必须找到其他方法——火箭。火箭有点像飞行的枪。而枪，当子弹从末端射出时，枪本身会向相反的方向猛弹。枪向前推动子弹，但子弹也向后推动枪。这就是我们所说的枪的"后坐力"。当然，枪回到你手中的速度与子弹前进的速度是不一样的。那是因为它比子弹重。

同样的事情也发生在火箭上。火箭发动机加热一些气体，然后把火箭发射出去。它推动气体，气体反过来推动火箭。火箭的反冲方向与气体的反冲方向相反。所以，如果气体从后面射出，火箭朝前方飞去。气体比火箭轻得多（就像子弹比枪轻），所以气体必须非常快地释放出来（它们必须是热的），这样才能给沉重的火箭足够的推力，让它动起来。

这样，火箭就不需要处于空气中了。它携带着自己的气体供给前进。

问题 72

为什么你拔掉浴缸的塞子,浴缸里的水就一圈一圈地转?我想知道这个原因,因为每次洗澡的时候,我都会为此感到困惑。

丽贝卡·布伦

这也是为什么滑冰运动员在手臂向身体靠拢时旋转得更快的原因。她开始时缓慢旋转,双臂伸出,然后加速。这是因为她的角动量。角动量取决于她旋转的速度(每分钟旋转的次数),以及她身体的伸展程度。如果她把自己压下去,那么为了保持相同的角动量,她必须旋转得更快。

这跟你的洗澡水有什么关系?嗯,当你从浴缸里出来的时候,你让水旋转。就塞孔而言,水正围绕着它缓慢旋转,顺时针或逆时针。但在这个阶段,水是分散在整个浴缸中的。最终,所有的东西都要从同一个狭窄的洞口出去;它必须向下挤压,这意味着什么,你明白了吗?水必须旋转得更快才能保持角动量不变。

但如果你非常缓慢、非常小心地从水里爬出来呢?你仍然会发现水流出时在轻微地旋转。这是因为,即使你不动,水也会非常非常缓慢地旋转，这是因为地球在自转。在北半球，水是单向旋转的，而在南半球则相反。提醒你，这是一个如此微小的影响，以至于它只能在严格的科学实验中被检测到。

问题 73
什么创造了风？
马修·克拉克（10 岁）

当空气从一个地方移动到另一个地方时，风从我们身边吹过。所以问题是：为什么空气会从地球表面的一个地方移动到另一个地方？

在赤道附近，正午时分太阳从头顶直射而下，地面变得滚烫。这反过来又使地面附近的空气升温（只要看看天气预报就知道，那些比我们离赤道更近的国家气温有多高）。在问题 8 中，我们了解了热空气是如何上升的。这就是阳光充足的国家的情况：空气向上流动。但这并不是说它会在原来的地方留下一个洞。比如在英国，冷空气从侧面进入，取代它的位置。这样我们地面上就有风了。随着时间的推移，这些空气会变热，也会上升，而更多的冷空气将进入。

一旦热空气上升，它就会以高空大气中强风的形式从赤道向外扩散。它们慢慢冷却下来，在地球较冷的地方降下来。这样一来，我们就可以在炎热的赤道地区和赤道两侧较冷的地区之间，得到南北方向的风。

但事情远比这复杂。地球本身正在向东旋转，这就是太阳从东方升起的原因。这也引入了风的旋转运动，这就是你在天气图上看到巨大的气团旋转运动的原因。

不仅如此，你还可以感受到当地的温差。例如，当你在炎热的海滩上时，你经常会遇到来自大海的风。这是因为寒冷的海洋上方的冷空气到达海岸，取代了海滩上方上升的热空气。

把所有这些影响加在一起，你会得到什么？一片混乱。

问题 74
云是如何在天空中停留的？
约瑟夫·科尔曼（8岁半）

云是由水滴构成的。水比空气重。所以，你说得很对：云应该从天上掉下来！然而它们却没有。

我要坦白一件事，约瑟夫。当我收到你的信时，我很震惊。我不知道答案。作为一位物理学教授，我完全不知道为什么这些云会在那里停留！我觉得自己很傻。

但没过多久，我就感觉好一点了。你看，我在我工作的大学的走廊中穿行，我几乎向所有的物理学家询问了你提出的问题。（我假装知道答案，只是在考验他们。）你知道吗？他们也没有一个人知道！哦，他们提出了各种各样的想法，但没有一个是正确的。我们不但没有一个人知道答案，甚至没有一个人想到去问这个问题。在科学领域，这是常有的事。就在每个人的眼皮底下（或者在这种情况下，就在他们的头顶上）可能会有一些问题，但甚至没有人注意到这是一个问题。然后出现了一些天才——比如我心目中的英雄爱因斯坦——他成为第一个问"嘿，这里发生了什么？"的人，然后他获得了重大的科学发现。通常，这些真正重大的发现都是由相当年轻的科学家做出的——他们的思维仍然活跃，不像我们这些老科学家的思维停滞不前。正因为如此，你才能提出这个问题，而我们提不出来。但别太激动，已经有人想出了你问题的答案，所以你必须再想出一个问题来获得诺贝尔奖。

现在，为了不让你认为我是在胡扯，我阅读了一本关于云的书，我现在认为自己知道发生了什么：

热空气带着水分子上升。空气冷却后,水滴形成了云。因为水滴比空气重,它们开始通过空气下落——这是我们预期会发生的。但是(这一点很重要),空气本身仍然在上升。所以事实上,水滴倾向于随着向上流动的空气上升(它们上升的速度不如空气快,因为它们是在空气中下降的)。

好的。现在你在想:"好吧。这就解释了为什么云没有掉下来。但是如果水滴在上升,为什么我们看不到云在上升呢?"

原因在于,水滴向上流动的速度越快,就会有更多的空气和水分子上升,填满它们留下的空间。现在轮到这些水分子冷却,在和第一批水分子相同的地方形成小水滴,然后它们自己也会被向上卷。这样一来,云的底部就会停留在原来的位置,看起来似乎没有移动。但实际上,云正在不断地自我替换。旧云快速上升,新云马上就会占据它的位置。

这有点像高速公路上发生的事情。一个嗜酒者看着电视监视器,报告说 6 号和 8 号路口出现了严重的交通堵塞。一小时后,他报告说情况没有改变。在他看来,电视监视器显示的是完全相同的画面。但这当然并不意味着他看到的是同一组车。车辆缓慢行驶,他之前看到的一批车已经被另一批车取代了,只不过车流的形状和密度看起来基本相同。

再回到那些云。显然,水滴的向上运动不可能永远持续下去，上升的必然会下降——在某个地方，某个时间。向上移动的云向两侧扩散，最终开始下降。空气和它的水滴正在下降。"啊！云终于要从天上掉下来了。"但是没有。空气离地球越近，温度也随之升高。随着温度的升高……是的，你已经猜到了，水滴蒸发了。这些分子逃脱了其他分子的拉扯，再次以看不见的单个分子的形式飘走，所以这部分云的底层同样也保持在相同的高度。因为在云的底部之上，旧云上升之后新云总会形成，同时，旧云下降之后均被摧毁。

下次你看到云层在天空中加速移动时，要注意这点。如果你有幸目睹其中一个场景，你就能观察到这种事情的发生。

问题 75
你的车子突然启动，为什么所有人都向后撞到座位靠背上？

埃莉诺（9 岁）

你必须习惯运动是相对的这一想法。当汽车加速时，你可能会认为自己在后退——事实上，相对汽车来说，你确实是这样的。但相对外面的道路来说，情况并不是这样。假设一些朋友站在人行道上，他们看到的是汽车突然向前驶去——

这也包括你座位的靠背。他们看到座椅向前移动,并挤压你。当它这样做的时候,它也会让你前进。一旦你达到与汽车相同的速度,座椅靠背就不再需要推动你,然后你就可以正常坐着了。

那么,是你向后倒进汽车安全座椅,还是汽车安全座椅向前推进到你身上?

是哪一种情况呢?在某种程度上,哪一种情况并不重要。但事实上,第二种看待事物的方式更好。之后,很容易理解你的脚踩在汽车的油门上是如何使汽车向前行驶的;但很难理解为什么对汽车这样做会使你、道路、房屋,实际上是地球和整个宇宙,都走向相反的方向!

问题 76
很久以来,我一直在想什么是绝对零度,在那种温度下什么也不能生存。

詹姆斯·韦伯斯特(11 岁)

正如你现在所知道的,高温气体的分子会剧烈地晃动。它们发疯似的跑来跑去,互相撞来撞去,撞到装着它的容器的壁上。随着温度的降低,物体就会平静下来,它们移动的速度也变慢了。这实际上就是我们所说的"温度",它是一种测量分子平均有多少能量的量度。温度越低,能量就越低。通常我们用摄氏度来测量温度。100 摄氏度(或 100°C)是蒸汽的温度;0°C 是融化的冰的温度。

但这并不是说温度不能低于 0°C。为了方便起见,选择了 0 值。但是温度能降到多低呢?负无穷摄氏度?不。重点是你可以通过从分子中获取越来越多的能量来持续降低气体的温度。但最终你会到达一个点,在这个点上,分子没有多余的能量可以给你了,这是在 -273°C 时所发生的,所以这是你能得到的最低温度。

知道了这一点,一些科学家认为选择这个最低温度作为零度的标度更加合理。他们称之为 0 开尔文(或 0K);这就是所谓的绝对零度。在这个新的温度标度上,冰在 273K 融化。

我已经讨论了气体,但同样的情况也适用于固体。在固体中,分子不像在气体中那样可以自由地从一个地方移动到另一个地方;它们必须待在原地,牢牢地附着在邻近的分子上。但它们确实有能量,它们围绕它们的中心位置振动。温度越高,振动越剧烈。和气体分子一样,当温度降到绝对零度时,它们已经没有更多的能量可以释放了。

电和磁

问题 77
电是怎么产生的？人们不可能凭空创造它，它也不会凭空出现。

卡洛琳·阿特金森

不，它不是凭空而来的。我向林解释了原子（问题1）——为什么原子的中心有一个原子核，而外面有微小的电子在嗡嗡作响。我们看到，如果一个原子是独立的，电子通过电子的负电荷和原子核的正电荷之间的作用力，被紧紧地束缚在原子核上。

但是，当原子被挤压得很近时（通常如此），电子就会有点困惑。它们仍然被自己的原子核拉着，但它们同时也被邻近原子的原子核拉着。某些原子的外层电子可能会松动，它们再也不能确定自己属于哪个原子了。它们从一个原子游荡到另一个原子。例如，铜线中的铜原子就会发生这种情况。

我们就是这样获得电的。当你打开电灯时，松散的电子就会被拉过电线。因为每个电子都带电荷，所以有电荷流动。这就是我们所说的电流。就像河流中的水流一样，我们称它为"电流"。

你可能会说："一切都没问题。电是电荷的流动。但电荷到底是什么呢？"这是一个我们无法回答的问题——而且，我认为没有人能回答这个问题。在科学中，我们所能解释的只是事物是如何表现的，而不是事物是什么。所以，我们可以说，如果物体有电荷，它们可以互相拉或推。这样我们就能了解事物是如何运转的。但电荷到底是什么，仍然是个谜。

问题 78

我想知道是什么产生了打雷和闪电,又是什么使它如此响亮?

另:请不要花太长时间。

尼尔·巴特勒(7岁)

好的。我会尽量保持简短,我知道你们七岁的孩子有多忙。

当乌云密布时,闪电就会发生。云是由水滴和小冰块组成的。当这些电子移动时,它们会相互摩擦,一些电子会从它们的原子核中分离出来。原子核在微小的冰晶上被向上扫过,而被撞掉的电子则搭上了下落的水滴的顺风车。所以正电荷会在云层的高处积聚,而负电荷则会在云层的底部积聚。

这种情况不会永远持续下去。如你所知,正电荷和负电荷之间有一种拉力。云团底部的电子拉着原子核,现在这些原子核被带到云团的顶部。不仅如此,它们还拉着属于地面的原子核。随着电荷的积聚,这些力量变得越来越强。最终,总得有所取舍。就像一道闪光,电子和它们分离的原子核突然又重新冲到一起。要么是这样,要么就是地面上的电子和原子核猛冲到一起。这就是我们所说的闪电。它是空气中突然涌动的电流。

在这个过程中，电子一路撞向原子。它们的一些能量转化为光能。这就是为什么你会在天空中看到锯齿状的白线。它标记着电流所经过的路径。当闪电击中地面时，你可以清楚地看到它是一条线——我们称之为"叉状闪电"。如果闪电在云层的底部和顶部之间，它很可能被云层遮住了。在这种情况下，闪电照亮了整个云层，我们称之为"片状闪电"。

雷声就是空气中突然涌动的电流所发出的声音。它之所以很响是因为雷击非常非常猛烈，它们释放出巨大的能量。我们在看到闪电后才听到声音的原因是，声音比光到达我们这儿需要更长的时间。光的传播速度为每秒 30 万千米，所以几乎即刻就能到达我们这里，而声音的传播速度要慢得多，为每秒 340 米，也就是说，刚刚超过 1000 千米每小时。

在地球上，每秒钟都会有 100 多次闪电发生。

我认为没有什么比看一场真正精彩的雷雨更令人激动的了。（尽管，说实话，它们仍然吓得我浑身哆嗦——即使那时我身处安全的室内！）

问题 79

我在想指南针在北极会怎么样。箭头指向哪里？由于磁场的作用，指南针上的北方总是对着北极，那么指南针会一直朝向北极吗？还有，人们怎么知道如何去北极探险呢？

艾米丽（11 岁）

当你使用指南针时，通常会是面朝上。换句话说，磁铁在一个水平面上摆动。指针指向北方。

但假设现在你有一个特殊的指南针，它可以在垂直平面而不是水平平面上旋转。你可能认为磁铁将与地面平行，指向北方。事实上，你会发现磁铁的指针是向下的。你越往北走，磁铁指针向下的幅度就越大。在北极，它会趋向于直接向下指（图中的箭头表示磁铁在世界各地不同地方的指向）。

这意味着，如果你正站在磁北极，并且你把指南针的面保持水平（这是正常的），可怜的指南针不知道该做什么。它想直接指向下，但你不让它向下！所以它只是漫无目的地朝着任何方向摆动。

赤道

至于北极探险者该怎么办，我不确定。我想他们是通过观察星星来确定方位的。

顺便说一下，注意我说的是磁北极。这是因为它与地理上的北极并不完全一致——地理上的北极是纬度和经度线（地图上显示的）的基础。地理极点保持不变，但是磁极会非常缓慢地移动一点点。

光

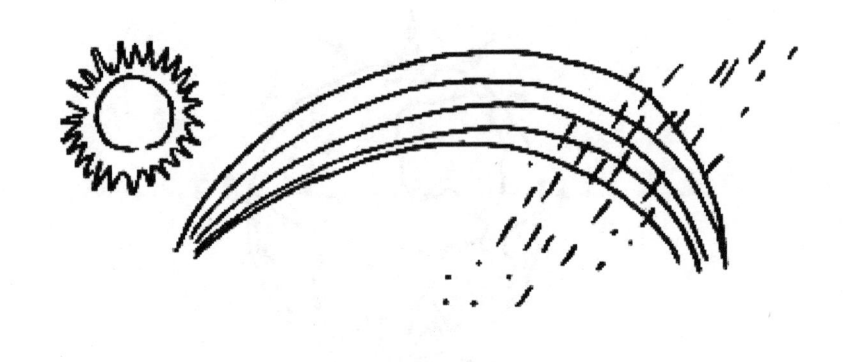

问题 80

当我飞往科斯（希腊的一个岛屿），我往外看，蓝色的大海是如此地黑暗！然后我想，为什么海是蓝色的？当我捧起一掬水，它是清澈的！

杰玛·哈维（9岁）

我记得在希腊度假时最愉快的一件事就是天空总是那么蓝。这就立刻回答了你的问题。海面反射来自天空的光，如果那是蓝色的，那么大海就会呈现蓝色。如果天气是多云和灰色的，就像我们国家经常发生的那样，那么大海看起来就是灰色的，不那么友好了。

但是大海也有它自己的蓝绿色。这取决于溶解在其中的盐和其他化学物质，以及是否有绿藻漂浮其中。提醒你一下，这种颜色只有当你透过大量的水观察时——如果水是深的和清澈的，你才会注意到。如果你只有一小捧海水，它仍然会是非常非常淡的蓝绿色，但你不会注意到它。

玻璃也是如此。对于一扇透明的玻璃窗户，你发誓它没有任何颜色。但请注意，你只是透过玻璃的浅层看，有时候，窗户会被打破（我并不是建议你做这个实验！），然后，你可以拿起一大块碎玻璃，非常小心、小心地从侧面往外看（所以你现在是透过一层很厚的玻璃看），你现在应该能更清楚地看到玻璃真正的颜色，通常是绿色的。

问题 81
世界上有很多美好的事物，而我一直想了解彩虹。彩虹是怎么形成的？它们的颜色是怎么来的？

亚历山德拉·库珀

随着年龄的增长，人们倾向于认为一切都是理所当然的。但不是彩虹。我一看到彩虹就很兴奋。

为了了解它们是如何形成的，我必须先让你了解光——普通的白光,就像你从太阳那里得到的。"多无聊啊,"我听到你说,"我想知道彩虹的颜色是怎么来的,而不是没有颜色的光。"

警告:不要被你妈妈的洗衣机标签上的"有色"和"白色"所愚弄。洗衣服时不要把白衣服和有色衣服弄混是很重要的,这点确实有道理。我曾经忘了这一点,所以几个月来,我不得不穿着已经变成粉红色的背心和裤子!但令人惊奇的是,白光实际上是所有光中最"有色"的光。它是彩虹中所有颜色的混合物。它从何而来?

光由波组成。它有一系列的起伏,就像海上的波浪。两个波峰之间的距离被称为光的波长。波长决定光的颜色。例如,红光的波长大约是蓝光的两倍,而黄光的波长介于两者之间。

蓝光

红光

白光则不同——它是所有波长不同的光的混合,我们知道这个事实是因为我们可以把它们分开。我们要怎么做呢?

首先,我们注意到光以一定的固定速度在真空中传播。波长是多少并不重要,速度总是一样的。但当光穿过玻璃或水时就不是这样了——波长越长,速度越快。这很好,因为我们可以利用这个现象来分离出不同波长（或颜色）的光。我们可以把白光投射到一块被称为棱镜的楔形玻璃上。这将光线旋转到一边，所以光线从另一个方向出来。它旋转了多少？这取决于光通过玻璃的速度。速度快的红光倾向于向前冲，所以它只会稍微改变方向；缓慢的蓝光方向改变得要多一些。你可以从下面的图中看到这一切。如果你把你的眼睛放在 A 点，你会看到红光；如果你把你的眼睛放在 B 点，你会看到蓝光。

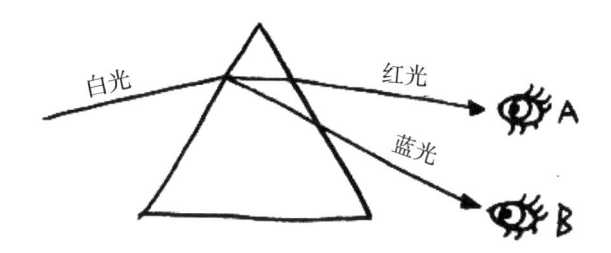

现在，同样的事情发生在了水滴身上。在下一幅图中，你可以看到来自太阳的白光在穿过雨滴时被分解，然后再发射出来。我向你展示了如果你抬头看天空，那里发生了什么。你从那个位置看到了什么？你将会按顺序收到来自顶部水滴的红色光和来自底部水滴的蓝色光。换句话说，你看到什么颜色取决于你观察的方向。天空的不同部分会向你呈现出不同的颜色——你看到的就是彩虹。

问题 82

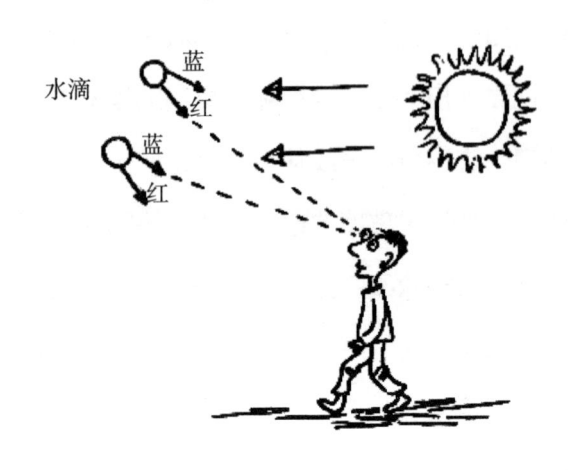

为什么天空是蓝色的？如果你答不上来，也没关系。

特蕾西·史密斯（9 岁半）

我们刚刚看到了一种将白光分解成不同颜色的方法。你的问题又是另一个问题：

当阳光穿过空气时，它会在一定程度上被构成空气的分子、水分子和尘埃颗粒反射。它反弹的方向取决于光的波长：波长越小，反弹越大。

当你抬头看天时，你看到的是通过一个大角度散射的阳光。所以，你看到的主要是短波长的光——当然，这意味着是蓝光。这就是为什么天空是蓝色的。

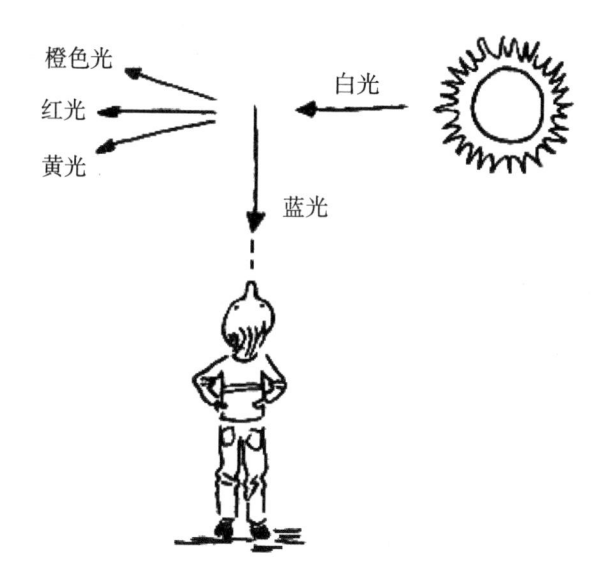

但与此同时，其他颜色：红色、橙色、黄色发生了什么变化？在这里，我可以立即继续回答你没有问过的问题，但我相信你也想知道这个问题的答案："为什么日落是红色的？"

就像蓝光一样，红光也会被空气分子散射——但不是那么多；它更有可能是笔直的，就像你们在上图中看到的。这就是为什么当你抬头看的时候看不到。

但现在假设太阳即将落山。它在地平线上的位置很低，这意味着它的光线必须穿过接近地球表面的大量空气，其中包括所有的烟雾和尘埃颗粒。所以短波长的蓝色和紫光会被大量散射。这意味着只有红色、橙色和黄色的光有很大的机会能到达你那里。这就是为什么日落看起来是红色的。

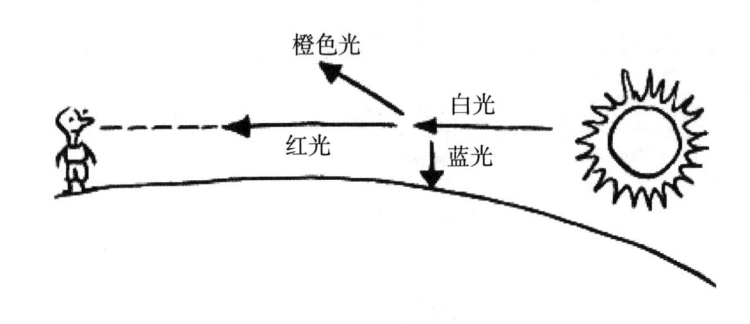

橙色光
白光
红光
蓝光

问题 83
我正坐着看天，天空突然变灰，下起雨来。我跑进屋里，想知道为什么将要下雨的时候天空会变成灰色？

汉娜·弗格森（9 岁）

非常巧合的是，写信的此刻我正在飞机上。我今天很幸运，有一个靠窗的座位。不仅如此，它也不在机翼上方，所以我能很好地欣赏下面的风景。这是好消息。坏消息是天气多云。飞行员刚刚宣布我们正在格陵兰岛上空飞行，所以我想象那里有很多壮观的雪山，可惜我只能看到下面一片蓬松的云。

它是耀眼的白色。这就是你问题的答案。云层再次反射了大部分阳光，只有一小部分光能到达那些山。如果你在下面，然后你抬头看，天空会是灰色的。云层越厚，通过的光线就越少，天空也就越暗。

当然，云层越厚，下雨的可能性就越大（在格陵兰岛，下雪的可能性就越大）。所以这就是为什么在乌云密布的时候带着你的防雨夹克是个好主意。

问题 84
为什么你戴 3D 眼镜的时候，图像会跑出来，而不戴眼镜的时候就不会跑出来？我长大后想成为一名科学家，这样我就可以学习和探索不同的东西。

萨曼莎·林赛

看看你房间里的东西。它可以是一把椅子，一张桌子，或任何东西。你可以看出它是 3D 的。现在闭上一只眼睛。3D 效果消失了。这个物体和房间里的其他一切看起来都是平的。接着，睁开这只眼睛，同时闭上另一只。一直重复这个动作：左关闭，右打开；右关闭，左打开……你看到了什么？

这个物体似乎在跳动。这是因为每只眼睛看它的角度稍微有所不同。这就是你的大脑需要处理的。它必须对两幅稍微不同的平面图像进行处理。顺便说一句，你又可以睁开两只眼睛了！大脑以一种绝对不可思议和完全神秘的方式拍下这些照片，并产生一个看起来切切实实的 3D 物体。

这是通常会发生的事情。现在，让我们来愚弄大脑。我们不是让你的眼睛盯着这个切实的物体，而是让你的一只眼睛看它的平面图像或照片，与此同时，我们让你的另一只眼睛看一张从稍微不同的角度拍摄的其他照片。从眼睛传递到大脑的信息和以前完全一样。大脑无法分辨其中的区别，所以你最终会再次看到一个切实的物体。

但我们不能只是把这两张照片举在你们面前，每只眼睛都能看到这两张。这就是 3D 眼镜出现的原因。一个镜片只允许绿光通过，另一个镜片只允许红光通过。所以，如果我们举起一幅图像，上面的一切都是深浅不同的绿色，那么只有戴着第一个镜片的眼睛才能看到它；另一只眼睛什么也看不见。同样，红色的图像只有第二只眼睛才能看到。事实上，我们可以把绿色和红色的图片打印在同一张纸上，并把它举在两只眼睛前面。不戴眼镜，这些重叠起来的图像看起来一团糟。但戴上眼镜后，每只眼睛只能看到"自己的"图像——然后就会弹出 3D 画面！

声 音

问题 85

有一天，我正在房间里听《纵横交错》的音乐，突然我有了一个想法。为什么我们有声音？

斯图尔特·克罗米克（10 岁）

假设你正在播放一张 CD，发生的情况是这样的：扬声器的中间部分来回振动。音符演奏得越高，振动就越快。音符演奏得越响，振动就越大。

这个振动的扩音器推动它旁边的空气层，把它挤压在一起。这个被压扁的空气层现在推动下一层，把那一层也压扁。这就会推动下一个；下一个推动下下一个……整个房间都是这样的。

最后被挤压的是你耳朵旁边的那层空气,这反过来又会推动你耳朵的"鼓膜",它也被称为耳膜。这样,你的耳膜就会振动。它现在振动的方式和扬声器一样。当这种情况发生时,你会在脑海中听到一个声音——那是 CD 播放的音乐。不要问我为什么,没有人知道为什么耳膜的振动会与你脑海中听到的声音相匹配。但就是这样。你可以把它归结为生命的另一个奥秘。

这适用于所有的声音——不仅仅是扬声器发出的声音。每当有东西发出声音,它就会干扰空气,这种干扰通过空气传播,使你的耳膜振动。

你必须小心不要听到太大的声音。它们会让你的耳膜剧烈振动,甚至可能会破裂,这会损害你的听力。我有个儿子在流行乐团演奏。他每年都会说服我去看一次他们的演出。当我发现音乐声大到我的胸腔都会随之振动的时候,我很担心,这到底会对我那精致、脆弱的耳膜有什么坏影响?现在,我观看演出的时候总是把棉花塞进耳朵里。这样更好,也更安全!

电视和电脑

问题 86
我想知道图片是如何进入电视屏幕的。
艾米丽·格兰杰（10 岁）

电视机的种类繁多。你可能听说过"阴极射线"电视，或"液晶显示器"，或"等离子"电视。不管是怎样的，它们背后的基本理论都是一样的：

如果你仔细看电视屏幕，你会发现图片是由成千上万个小点组成的。这些点构成了我们在屏幕上看到的画面。它们靠得太近了，你通常不会注意到它们是圆点。每个点被涂成红色、绿色或蓝色。这些颜色被称为原色，因为它们的不同组合构成了彩虹的所有颜色。当一个点被激活时,它会短暂发光。为了让它持续发光,它必须被反复激活。通过这种方式,你所看到的静态图片可以很快被另一个稍微不同的图片所取代。眼睛没能足够敏捷地捕捉到一幅静止的图片被另一幅所取代,并误以为图片是随着时间变化的。但是,每个点如何知道自己应该在什么时候发光以及保持怎样的亮度呢?

电视摄像机在某处记录下一个场景,就会生成一幅图像,然后将其编码为电信号。然后,这些信号以电视电波的形式从发射机中传播出去。什么是电视电波?嗯,你已经知道了光是由波组成的(问题 81)。波峰之间的距离(波长)告诉我们光的颜色。我们说过,红光的波长是蓝光波长的两倍。但假设波长甚至比红光还要长。我们会得到什么颜色?答案是:没有。"光"变得看不见!但是,尽管我们的眼睛不够敏感,不能看到它,它仍然在那里。我们称之为红外线辐射,或"热"辐射。当我们感觉到来自火的热量时,是红外线辐射使我们的皮肤变暖。如果波长进一步拉长,我们就会得到其他形式的辐射:微波辐射(我们把它用于烹饪的微波炉),以及用于发送无线电信号、移动电话信息和电视图像的波。你的电视天线或卫星天线接收从发射机发出的电波,并把它传送到你的电视机里。在那里，电子设备解码信息，以知晓屏幕上所有的点应该有多亮，从而重现电视摄像机拍摄的原始图像。

我不知道你是怎么想的，但我觉得，此时此刻我所待着的房间（就像你的房间一样）充满了看不见的编码信息：所有不同的电视频道，所有的广播，所有的移动电话信息。如果不是因为我们的电视机或手机，我们永远不会知道它的存在。

问题 87
电脑怎么能记住所有的东西？
凯瑟琳·杰克逊（10岁）

说到记忆，电脑就像图书馆。它们储存信息的方式就像书籍摆放在书架上一样。每本书都有编号，书架上也有标签。一个好的图书管理员知道每一本书的确切位置。电脑就是这样。所有的信息都储存起来了。但更重要的是，有一个系统可以知道每一个信息的确切位置，以及当再次需要时如何找到它。

没有人完全了解我们自己的记忆是如何运作的，以及为什么有时会如此糟糕（我的记性很糟糕，而且随着年龄的增长变得更糟）。有一种观点认为，我们储存在记忆中的信息比我们意识到的要多得多。这些都在我们精神图书馆——大脑的某个地方；只是我们没有一个很好的系统来找到它——我们总是忘记把它放在哪里了！这就解释了为什么我们的记忆会被我们看到或听到的某个东西冲击，然后突然想起一件以为很久以前就已经忘记的小事。但它并没有被遗忘，它一直在那里。

电脑会变得有点吓人。它们有惊人的记忆力，它们能以令人难以置信的速度计算和整理信息。当然，这对我们非常有利。但除此之外，它们都很笨。毕竟，它们只是在做我们让它们做的事，所以谁才是真正聪明的那个呢？没有人知道未来会怎样。也许最终会是电脑告诉我们应该做什么，但我们离那个目标还有很长的路要走。如果发生最坏的情况，它们变得非常专横，我想我们总是可以拔掉它们的插头的！

生命的过程

问题 88
我对进化论之类的事情很感兴趣。我的问题是：什么是生命？

艾米·菲尔明（10 岁）

很长一段时间以来，人们都在思考这个问题。生物（如植物、动物和人类）与非生物（如空气、岩石和河流）之间的区别是什么？它们都是由相同种类的原子组成的，所以这是否意味着生物有一种额外的成分，一种非生物所没有的额外的东西？

不，这似乎不是答案。事实上，生物学家有时会发现很难决断某些东西，比如病毒，它是否应该被归类为生物。没有单一的决定因素，相反，这是一个寻找多种因素组合的情况。例如，生物倾向于生长——至少在它们的生命初期是这样的。它们从周围环境中吸收物质（吃食物，呼吸空气），并利用它们来生长，为自己所做的一切获取能量。它们繁殖（生孩子）。它们处理掉不需要的物质（上厕所）！它们能够对周围的环境作出反应（寻找食物，躲避危险的敌人，知道当什么东西太热或太冷时而不去触摸，等等）。

非生命体可能表现出其中的一种或两种方式。奶油冻上的表皮会随着温度的下降而鼓起来，铁钉会在潮湿的环境中生锈，或者火会通过吸入燃料和空气继续燃烧，直到最终"熄灭"。但它们不会同时表现出所有这些行为。

事实上，这条分界线一点也不清晰，甚至还有点儿混乱。但这是很重要的。这意味着在遥远的过去，我们可以从一个表面只有无生命的化学物质的世界（在地球形成后不久），变成我们今天拥有各种各样的动物和植物的世界。它们通过进化而发展。我很高兴你对进化论感兴趣，艾米。这绝对是一个令人着迷的主题，我稍后会详细说明（问题93—99）。

问题 89
我想知道我是怎么变老的?

瑞秋·波特(10岁)

噢,亲爱的!你已经开始担心这个了吗?

起初,变老很有趣。这是值得期待的事情。一年年过去,你变得更大更强壮。你可以做你小时候不能做的事。你再也不用为了进电影院而谎报年龄了。现在学校里的恶霸在欺负你之前会三思。当你从一个孩子成长为一个成年人,你会发现自己掌管着一个神奇的身体——一台比我们科学家所能组装的任何机器都要神奇得多的机器。

但到了晚年,情况开始改变。你的身体,就像任何一台必须不停运转的机器一样,开始出现磨损的迹象。也许你的视力开始变差;或者你的听力不像以前那么好;之后,你的膝盖开始咯吱作响,走路也变得不舒服;或者你注意到,当你割伤自己时,伤口需要更长的时间才能愈合。

没有人喜欢这种改变。幸运的是,总有办法来解决这些事情。例如,现在我在阅读的时候会戴眼镜,我还有一个助听器。有了这些,我就能像以前一样继续生活下去。

变老并不是什么可怕的事。我们每个人都会遇到这种情况。不变老的唯一方法就是年轻时死去——谁会愿意这样呢?!

有句谚语说:"你认为自己多大,你就多大。"这是非常真实的。我有时会想,在我的脑海中,我从未真正长大。我觉得自己有点像一个装在成年人身体里的男孩,假装自己是成年人。

人老了总会有一些特别的东西,你会有一些事情可以回忆。你从过往的经验中学到了很多。你比以前懂得更多了。你几乎不需要查单词就能顺利拼写出来,因为你已经熟悉了。我曾经期待着自己的 50 岁。"我 50 岁的时候会达到最好的状态",我曾经这样认为。我错了。我现在的状态才是最好的——当我 80 岁的时候——而且一直在变得更好。我可以诚实地说,我现在比以前任何时候都要更满足,我不会和比我年轻的人交换。

问题 90

我去拜访一个表兄。他妈妈说我这么大了,她几乎认不出我了。在她说完这番话之后,我开始思考骨头是如何随着我们的身体生长的。你能告诉我骨头是怎样生长的吗?

丹尼尔·托尔斯(10 岁)

恐怕我对这方面不太了解,但是我把你的信给我一个当生物老师的朋友看了。她告诉我,一根骨头,就像你腿上的长骨一样,在两个地方生长。这些是"造骨工厂"。这些"工厂"靠近骨头的两端。

造骨工厂

骨头,就像你身体里的其他东西一样,是由圆形细胞组成的。你可以把细胞想象成另一种乐高积木。细胞有时分裂成两半,然后,每半个细胞都趋于圆形,并长成与第一个细胞相同的大小。所以现在你有两个细胞,而不是一个。然后这些细胞分裂产生 4 个细胞;4 个变成 8 个,以此类推。这就是在"造骨工厂"里发生的事情。越来越多的细胞被制造出来，从而产生了更多的骨骼物质。这样一来，骨头就长起来了，你就长高了，而你表兄的妈妈看到你时就会万分惊讶。

问题 91
为什么会长大，然后当他们长大了，他们就停止了生长？而且为什么我们不能看见人的生长？

海伦·安德森（10 岁）

你最终停止生长的原因是，当你从一个女孩变成一个成年人时，你的身体发生了许多变化。你的身体会分泌被称为"荷尔蒙"的液体。这些物质在那个时候会在你的身体周围产生变化，让你为生孩子做好准备。特别是，荷尔蒙会意识到你现在已经足够大了，骨骼制造工厂可以关闭了；你不需要继续成长了。无论如何，谁想长成巨人呢？

注意，我们的身体很聪明。尽管它关闭了骨骼制造工厂，但它仍然有办法在需要的时候制造出新的骨骼物质。所以，如果你出了意外，摔断了一条腿，新的骨头就会长出来。

人 类

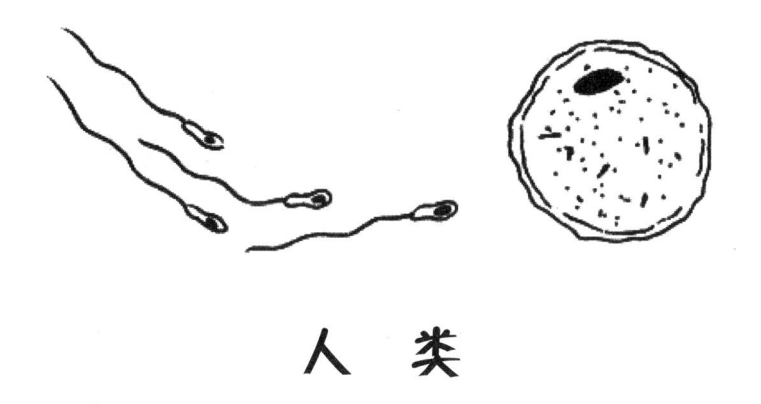

问题 92

希望你一切安好,你的大脑和往常一样运转良好。为什么我们长得像我们的妈妈?

杰恩·布雷布鲁克

你可能已经知道了,你是由你父亲的极其微小的一部分,叫作精子,和你母亲极其微小的一小部分,叫作卵子组成的。当这两个东西在你妈妈体内结合的时候,你已经在路上了!

你慢慢长大。一天又一天,你看起来越来越不像一个圆滚滚的蛋,你越来越像一个真正的婴儿了。你在你妈妈的怀抱里蛰伏了 9~10 个月之后,你准备好出现了!每个人都开始说:"她真可爱,她有她母亲的眼睛,她祖母的嘴巴,她父亲的坏脾气，等等。"

这是真的。你长得和他们很像，这是意料之中的事。毕竟，你是由妈妈和爸爸的一部分组成的，而他们则是由你的爷爷奶奶的一部分组成的。

事实上，我们现在知道的远不止这些。决定你长相的重要因素是你体内的一种叫作DNA的东西。"DNA"这三个字母是生物学家给它起的一个长名字的首字母。我总是记不住这些复杂的名字，但这个就很容易，因为生物学家也称它为"DNA"。

DNA是由一长串小分子组成的（记住，分子是一组黏在一起的原子）。这个链的有趣之处在于它组成了一个编码信息。一个密码！每一个小分子都有点像一个"字母"，它们被组合在一起，形成我们可能认为是"单词"的东西。然后，按照这些"单词"出现在链条上的顺序，告诉身体它应该是什么样的："高""蓝眼睛""棕色头发""天才大脑"等等。当今科学界发生的最令人兴奋的事情之一是生物学家正在破译这些代码——找出每一点的含义。这是一项艰巨的工作。一个人的DNA中所包含的"字母"数量，与你在3000本厚书中看到的一样多。

你的DNA是从哪里来的？是用你父母的DNA复制的。

这就是为什么你看起来和他们很像，你们有着相似颜色的眼睛、头发等等——你们都是按照同一套计划建造的。但你的DNA也不与其他人完全相同，它是两个人的DNA的混合物——你妈妈的和你爸爸的。这就是为什么你并不完全是他们任何一个的复制品。你妈妈的DNA是"绿眼睛"，而你爸爸的DNA是"棕色眼睛"，其中一个可能会胜出——你最终要么拥有你妈妈的眼睛，要么拥有你爸爸的眼睛。但当涉及你鼻子的形状或你的身高时，可能是父母中的另一个人的代码取胜。不仅如此，当原始DNA被复制时，也会发生错误，或者你的DNA在遇到你体内的化学物质或受到辐射的影响时，也可能会发生改变。这一切都会产生一个全新的代码。这就是为什么只有一个你，为什么我们都是不同的。

问题 93
你知道人是怎么形成的吗？

彼得·杰克逊

大多数科学家相信，你和我，以及所有的动物，都是通过所谓的"进化"产生的。让我来解释一下：

让我们从猎豹开始。它们跑得非常快，这使它们擅长追逐斑马和羚羊,抓住它们并吃掉它们。但并不是所有的猎豹都以相同的速度奔跑,有些跑得比其他更快。如果没有足够的斑马,哪一种猎豹能抓住它的晚餐?跑得更快的。速度越慢的猎豹越可能错过机会并饿死。

是什么原因让某些猎豹的速度比其他的更快?我刚刚告诉杰恩为什么孩子们会和他们的父母一样。这完全取决于他们的DNA。动物也是如此,它们也有自己的DNA密码——告诉它们的身体要长成为猎豹而不是人类。很多因素都会使猎豹变强或变弱,奔跑的速度变快或变慢。其中之一就是它小时候能从父母那里得到多少食物;另一个是它的DNA,它的DNA在决定它是比一般的猎豹跑得更快还是更慢方面起着重要作用。

那些幸运地得到"快跑者"编码的猎豹更有可能抓到食物。它们可以活到自己能够生育孩子的年龄——孩子将继承它们父母的DNA,包括"快跑者"的编码。偶然的是,一方面有些猎豹会获得"超跑者"的DNA,超越其他所有猎豹。另一方面,那些出生时不幸带有"慢跑者"编码的猎豹则有饿死的危险。它们更有可能在拥有自己的孩子之前死亡。正因为如此,"慢跑者"编码不会被遗传下来。

这意味着,与它们的父辈相比,下一代将有更多的猎豹拥有"快跑者"编码。我们说这个编码已经被选中,整个过程被称为自然选择进化。没有人作出选择,这就是自然发生的。"慢跑者"编码会自然消失,其他编码留下了。

这样的话,一般来说,猎豹的"孩子"比它们的父母跑得更快。当然,当它的这些孩子长大成人,有了自己的孩子,同样的事情会再次发生:那些碰巧拥有帮助它们跑得比新平均速度更快的 DNA 的猎豹将会存活下来,并将 DNA 传递给下一代。这样我们就能明白,为什么猎豹一代比一代跑得更快。

这同样适用于其他任何可能帮助动物活得更久、更有机会传递自己 DNA 代码的东西:更锋利的爪子、更强壮的喙、更坚韧的保护壳,等等。这就是为什么我们有了现在的动物。今天,我们看到的所有奇妙的生物都是在数百万年的时间里从简单得多的生物开始逐渐进化而来的。每个物种都形成了自己独特的生存方式。

但是,你可能会想,我们人类有什么特别之处?毕竟,和猎豹比起来,我们不是优秀的奔跑者;和鱼比起来,我们是糟糕的泳者。我们不能像鸟一样飞翔,我们没有锋利的牙齿和爪子,我们也没有坚硬的外壳来保护自己。

人类 DNA 的特别之处在于,它给了我们一个大的大脑(相对于我们的体形而言),一个可以做非常多聪明事情的大脑。在艰难的生存斗争中，我们的祖先不需要锋利的爪子，因为他们有头脑来设计刀和斧头；他们不需要快速奔跑去追赶鹿，因为他们可以站在原地用石头或长矛瞄准猎物，或发射弓箭。

这并不是说我们人类的大脑比其他任何动物的大脑都大；大象的大脑实际上是我们的四倍大。关键是，动物的体格越大，它的大脑就需要越大，这样才能维持身体正常运转。因为大象的身体很大，它需要一个很大的大脑才能生存下去。重要的不是大脑有多大，而是它与动物身体的比例。事实证明，我们人类的大脑比我们这种体形的动物所拥有的要大得多。正是这额外体积的大脑，在身体需要得到满足之后，给了我们额外的智力。

问题 94
（1）谁发明了说话？

凯瑟琳·埃利森

（2）谁发明了拼写？

丹妮尔·迪恩（11 岁）

（没错，有两个问题，就像超市里说的"买一赠一"。为什么不呢？我觉得很慷慨！）

说话需要动脑筋。事实上，我们大脑左侧有一个特殊的部分，负责说话。在进化的过程中，我们早期祖先的大脑从很小变成了今天人脑的大小。因此，关于他们何时开始说话的第一个线索来自他们头骨大小的变化。在他们能说话之前，他们还需要一个鼻子和喉咙的区域，这个区域的形状合适，而且足够灵活，可以发出一连串快速复杂的声音。综上所述，生物学家认为人类说话可能始于大约20万年前。

当然，很多动物都会发出声音。野生黑猩猩能发出30种到40种不同的声音，每种声音都有自己的意思，并能对其他黑猩猩说一些重要的事情。我想你可以把这叫作一种"谈话"。经过大量训练，黑猩猩可以传达更复杂的信息，并使用手语而不是声音回答问题。但与我们现代人所能做的相比，这仍然不算什么。

和黑猩猩一样，我们只使用一些声音。英语是由49种不同的声音组成的（有点像一个小孩开始说字母表中的字母时发出的声音：aah，ber，ker，der，eee……）但是，不像黑猩猩发出的声音，这些声音本身没有任何意义！重要的是，我们把这些声音以不同的方式组合在一起形成单词。这些单词才是有意义的。如果我说"table"，那么你就很清楚我在说什么，但并不是所有的单词都有一个简单的意思。如果我只对你说"但是"或者"不"，你一定会好奇我在说什么。但如果我把它们放进句子里，它们就有意义了。事实上，真正有意义的是由一连串单词组成的句子。

没人知道我们的祖先是如何想出用无意义的声音串在一起的方式来代替"一个声音＝一个意思"的绝妙主意的。但无论如何，这可能是发生在我们祖先身上最重要的事情。说话使我们人类和其他动物完全不同。这意味着我们可以互相学习。当妈妈说"别碰那个锅，很烫"的时候，你就相信她的话吧，这样你就不会被烫伤。

你不仅可以向你今天遇到的人学习，你也可以向你从未见过的人学习，事实是，向那些已经去世的人学习！用什么方式？通过写作。写作是一种"说话"。这就是拼写出现的原因。说话就是把许多不同的声音按特定的顺序组合在一起，而书写则是把许多不同的字母（字母表中的字母）组合在一起。这些弯弯曲曲的字母顺序是一种代码，它告诉别人，为了说出这个句子，你必须发出什么样的声音。好的拼写就是把代码写对，这样人们就能确切地知道你在说什么了。这就是为什么学习拼写很重要。

请注意，尽管如此，这完全是一项拙劣的工作！例如，想想 ough 的不同发音方式（thought, tough, bough, 等等）。难怪你和这个国家每一所学校的每一个孩子都在抱怨。本应该有人能够想出更明智的办法。但这就是问题所在，没有一个人能想出简单的拼写方法。

不过，它确实有效。正如我所说，谈话和写作是我们相互学习的方式。想想你所知道的一切。你脑子里塞满了事实，但其中有多少事实是你自己发现的呢？非常非常少。我们所拥有的关于这个世界的大部分信息都是二手的。这是成千上万的人通过谈话和写作发现并传递给我们的。

问题 95
为什么人类要统治世界？

希拉里（11 岁）

希拉里，当有人说我们人类"统治世界"时，我有点担心。我认为我们说这些话的时候要小心一点。当然，我们是非常强大的。这要归功于我们的大脑，归功于我们交流和相互学习的能力。这就是我们作为生物成功进化的秘诀。

我担心的是，聪明和明智是不一样的。例如，你可能在学校里认识一个人，他是班里的尖子生，在所有的考试中都是第一名，但在生活方面却像木头一样呆板。我们人类可能就是这样。我们拥有这种神奇的智慧，但看看我们对这个星球做了什么，看看我们在战争中互相厮杀的方式。凭借这些聪明才智，我们发明了核弹，现在我们已经制造了足够多的核弹，可以在几分钟内摧毁世界。这很聪明，但不明智。也许我们过于聪明了。

恐龙存在了2亿年。我们现代人类仅在10万年前才出现。2亿年后我们还会在地球上吗？我对此表示怀疑。如果我们是"世界的统治者"，我认为恐龙在这方面比我们做得更好，至少它们统治的时间比我们要长。

说到成为一种成功的动物，昆虫的数量远远超过人类。说到长期存活的动物，细菌是最棒的，它们已经存在了30亿年，如今的细菌种类比以往任何时候都要多。不仅如此，如果全球爆发核战争，幸存下来的将不是像我们这样复杂的动物，而是微小、简单的细菌。也许我们应该认为细菌才是世界真正的统治者：它们从一开始就统治着地球，并将继续统治下去，直到地球上没有其他的生命。

我可不想和虫子交换位置！不，做人是件好事。有了巨大的大脑，我们的生活比其他任何动物的都更加有趣，但我们得小心点。

问题 96
人为什么会死?

马文（7岁）

当然，有些人死于事故或疾病。但我猜，你想知道的是为什么人会自然死亡。

我想主要原因是因为身体器官会磨损。以心脏为例，它是把血液输送到全身的泵。它大约一秒钟泵一次，你可以通过感觉手腕的脉搏来判断。这意味着当你70岁的时候，它已经泵了20亿次。难怪到那时，一切都要结束了。我认为，这样一直运转下去，一直不休息，也没有维护或检修，真是太棒了。我只希望人造的机器和电器也能像那样可靠。

当你想到我们人类是如何（通过进化）来到这里的，我想我们会死确实是件好事。如果我们不这样做，那么所有那些我们的早期祖先将仍然存在，占用食物和空间，并不给后代机会，让他们发展和成为更有趣的生物——就像我们自己。死亡其实是生命中很重要的一个环节，这听起来是个奇怪的想法。从进化的观点来看，所有形式的生命都有必要消亡，这样才能把空间让给年轻一代，就像他们一开始出生时一样。

事实上，现在人们认为，就像我们的 DNA 中有一些编码控制着身体的不同部分如何形成一样，可能也有一些编码告诉我们的身体如何以及何时死亡。

动　物

问题 97
如果是猿进化成人类，那么是什么进化成猿？
亚历克斯·马克斯（10岁）

我们认为现代类人猿，比如黑猩猩和大猩猩，是从进化出我们人类的类人猿进化而来的。你是在问在那之前发生了什么？答案是一种以昆虫为食的小动物。那又是从爬行动物进化而来的，再之前是鱼，再之前是像现在的细菌这样的小虫子。我们不能完全确定，但很有可能它可以追溯到海洋中的黏液、浮渣和化学物质！换句话说，所有的生物（包括植物和树木）都是从最初没有生命的东西进化而来的。回想一下我在第 88 个问题中告诉艾米的,生物和非生物之间并没有明显的分界线。

整个过程可能开始于一些原子在海里聚集在一起,创造出一种能够自我复制的分子——就像今天的 DNA 自我复制一样。这是重要的第一步。一旦发生了,第一个这样的分子变成了两个,这两个分子各自复制变成了四个,四个变成了八个,以此类推。另一件重要的事情是,在复制过程中存在错误,这样一来就得到了不同种类的原始分子。通常我们认为错误是不好的——我们在考试中因错误而丢分,但这些"错误"发生了,这是件好事,否则我们就不会来到这里。

在这些不同的版本中,有些版本比其他版本有更好的机会生存下来复制自己。这些是幸存下来并进一步发展的,而其他的则灭绝了。幸存下来的变成了细菌。在某些阶段,分子聚集在一起形成细胞,而细胞聚集在一起就构成了动物和植物的身体,大到足以在显微镜下被看到。随着时间的推移,这些变得越来越复杂,直到最后,我们人类和其他现代动物出现了。

这一切一定花了很长时间。但我们知道,这种情况在很长一段时间内都有可能发生。地球形成于 46 亿年前。最早的细菌出现在 35 亿年前。第一个拥有一个以上细胞的生物——所谓的多细胞生物——出现于 12 亿年前。我们祖先的大脑大约在 200 万年前开始生长，而现代人类大约在 10 万年前出现。

问题 98
你能告诉我为什么猫吃老鼠吗？

杰森·皮克福德

我曾经有一只叫库里的猫，我深深地爱着它，尤其是当它仰面朝天，向我抛媚眼的时候。但有几次我忍不住对它大发雷霆。就在那时，它走到花园里去捕捉鸟和老鼠。它把它们带进屋里，我看到了一片红色。毕竟，我知道它肚子里装满了猫粮；它不饿，为什么要杀死无辜的生物？

当我再次冷静下来时，我意识到我是愚蠢的。库里情不自禁地做出了这样的举动。它并不想这么残忍。关键是：

你还记得我告诉彼得我们和其他动物进化的方式吗（问题 93）？在生存方面，我们和现在的动物都是幸运的，因为我们拥有更强大的大脑、能快速奔跑的腿、锋利的爪子、坚硬的外壳等。这些都被编码到 DNA 中，但是 DNA 不仅仅提供了一个身体应该如何构建的计划。毕竟，就算老虎有锋利的爪子，如果它不知道该怎么使用它们，也是没有用的。那种天生就会利用它们的动物——那种一见就杀的动物——在食物短缺时更有可能得到食物。那种天生没有利用它们这种倾向的动物——那种每次都必须从头开始考虑一切的动物——很可能错过这顿美餐。

所以，DNA中不仅有构建动物身体的编码，它也有告诉动物如何行动的编码。这就是发生在库里身上的事情。看到一只鸟或一只老鼠，它本能地想把它杀死，它控制不住自己，是它的DNA让它这么做的。这些都是它祖先的生存技能，如果它祖先没有这种天生的倾向，它们就不会活下来，而库里也不会出生。事实上，这些祖先的身体里确实有这样的代码，这意味着库里也把它作为自己的一部分——尽管自从猫粮和像我一样善良的主人出现之后，它再也没有这样做的必要了。如今，对猫来说，学习如何滚来滚去，向人类抛媚眼是一个更好的计划。

现在，我不希望你们认为编码到DNA中的行为都是关于杀戮的，事实并非如此。例如，这里有一个代码，让母亲们感到要特别保护自己的孩子，甚至到了会不假思索为了孩子牺牲自己的地步。然后还有一个代码，让小袋鼠一出生，就顶起妈妈的毛去寻找温暖柔软的育儿袋，那是它的第一个家。

最后，一个真正有趣的问题是，我们人类的行为是否也受到这种方式的影响。毕竟，我们也是进化而来的动物。当然，我们和其他动物之间有一个很大的区别。因为我们的智慧，我们可以预见未来，提前计划。我们可以构想出不同的行为方式。如果我们认为那样是最好的，我们可以选择违背我们的自然本能。所以，与其他动物相比，我们更多的是规划自己的人生。人类的生活可能比其他任何动物的生活都要复杂得多，但也有趣得多。

问题 99
为什么狗不能和猫结婚？
西默吉特（9岁）

我想，最简单的答案是它们不喜欢对方！

我们说它们属于不同的物种。同一物种的动物通常可以交配生子，但不能与其他物种的动物交配生子。

当我们回顾进化过程时，我们发现，经过很长一段时间，一个特定的物种开始分裂。它的一些成员以一种方式发展，另一些则以不同的方式发展。一种可能擅长生存，因为它们的腿逐渐变得越来越强壮，所以可以更快地逃离敌人；另一种可能会发现自己的抓力变得越来越好，可以爬树，并以此摆脱危险。经过许多代之后，这两个群体可能会变得非常不同，以至于它们不再喜欢对方的长相，即使它们真的交配了，它们也会发现它们有孩子的可能性越来越小。最终，它们发现它们只能和自己的同类动物生孩子。在那个点上，我们说，原始物种变成了两个。

事实上，我们认为所有的生物最初都来自同一祖先。这

是因为所有的 DNA 编码都是相似的。显然，不同物种的 DNA 存在差异；否则，我们看起来都一样。但是大部分代码是完全相同的。如果我们的祖先不是相同的，那么这种情况就不太可能发生。所以，从一个物种开始，它分支成不同的物种，这些物种又分支成其他物种。这有点像一棵树一开始只有一根树干从地面伸出来，之后分叉成树枝；然后树枝分裂成更细的树枝，这些细树枝又变成了很多小树枝。我们今天看到的所有动物都是"进化树"上不同的小树枝。

问题 100

（1）我想知道鸽子和其他鸟类是如何知道自己应该去哪里的，因为它们要飞很长的路，而它们似乎也不是很聪明。

维姬·佩普洛（10 岁）

（2）为什么鲑鱼被冲到下游后知道去哪里？

托马斯·布彻

天哪，又一个双重问题。就在你以为自己已经读完这本书的时候！但你必须承认它们很相似。

鸟类能在冬天长途迁徙到温暖的南方国家，然后在次年春天回到北方，这真的很神奇。如果由我们来带路，我们就需要随身携带一个袖珍指南针。这就是我们判断东西南北的方法。

事实上，有些鸟就是这么做的！当然，它们并没有随身携带指南针。它们不需要这么做，它们的脑子里已经有一个了！它们的大脑有一部分受到地球磁场的影响，就像你在袖珍指南针里找到的小磁铁。我们之所以知道这一点，是因为曾经有实验将一个小型磁性仪器绑在鸟身上。这只鸟不但受到仪器磁性的影响，还受到地球磁性的影响，然后它就完全迷路了！

磁力是一种方法，但它们还有另一个锦囊妙计——这是光的把戏。来自天空的光中有一些非常特别的东西。对我们人类来说，无论它从哪个方向来，看起来都差不多。但对一只鸟来说，并不是这样的。

光由波组成。通常当它靠近你的时候，微小的波会上下或左右地摆动或振动。但来自天空的光线就不一样了。阳光从空气中散射到我们这里，这可以减少一些摆动；它现在可能只上下振动，或者只左右振动。我们说光被极化了。

正常情况下，我们人类无法区分普通光和偏振光。我们得戴上宝丽来太阳镜才能做到。宝丽来透镜是这样安排的：只有上下振动光才能通过。这意味着，当你观察的是左右振动的偏振光时，它会被过滤掉，它无法穿过镜片。

当你戴着宝丽来眼镜时，如果你抬头看天空，你会注意到，根据你看的方向（即使是多云的时候），眼镜会隔离不少的光线。这表明光是偏振的。

鸟类的非凡之处在于，它们似乎一直戴着宝丽来眼镜！它们眼睛的形成方式帮助它们辨别光线的方向，这反过来又为它们提供了飞行方向的线索。所以这是鸟类在长距离飞行中确定方向的第二种方法。

当然，当它们最终接近家园的时候，毫无疑问，它们会环顾四周，再次确认地点。

现在回答你的问题，托马斯。

读了我告诉维姬的关于鸟类如何找到它们飞行的路径，你可能会认为鲑鱼的大脑里也有磁铁。这很可能是真的。科学家们目前还不太确定。

但有一件事我们是知道的：鲑鱼非常擅长知道它们处在什么样的水里。如果你或我尝了一些从河、湖或海中取来的水，我们可以分辨出它是咸还是不咸，如果它是咸的，是"非常"

咸，还是"稍微"咸。但鲑鱼的作用远不止于此，它们可以辨别不同种类的盐和其他化学物质。这很有用，因为无论你在哪里，河流或海洋中溶解的不同化学物质的数量都是不同的。

所以，当鲑鱼试图找到回家的路时，它们会测试（或"闻"）它们周围的水。一旦它们开始识别出这些化学物质，它们就知道自己已经接近家园了。

它们也可能受到水温变化的引导。当它沿着河流游动时，水因为阳光的照射而变暖，很可能比它流入的深海要暖和。因此，一条鲑鱼出海寻找河流的入口，它会游往水温较高的水域。

不仅如此，它还能明确地分辨出水流的方向。所以，它可能会识别洋流的模式。一旦它找到了河流的入口，它就知道这条河很可能会流向大海。这意味着，为了到达河流的上游，它需要逆流而上。

第100又 $\frac{1}{2}$ 个问题

问题 $100^{1/2}$
引力为什么存在?
埃莉诺（7岁）

我也毫无头绪!通常我不喜欢承认自己不知道答案。但这个问题是不同的。没有人知道答案——而且可能一直都不会有人知道。

科学家的工作是理解和描述我们生活的世界，但这并不意味着我们可以解释为什么这个世界是这样的，而不是另一种世界。所以，我可以告诉你引力有多强，以及它如何随距离变化。换句话说，我可以告诉你引力的运动方式。但我无法告诉你为什么我们会有引力。

我也不能告诉你引力是什么。我在回答第 77 个问题时遇到了同样的困难，我不得不承认我无法解释电荷是什么。我可以描述它的行为，但不能解释它是什么。时间也是如此：我可以测量它，但我不能解释它是什么，或者它为什么存在。能量和其他很多东西也是如此。从很深层次的意义上说，我们科学家根本不知道自己在谈论什么！然而，我们所谈论的确实是有意义的——你只要看看科学改变世界的方式，就知道它一定是有意义的。

所以，埃莉诺，我无法回答你的问题。我想比分应该是这样：

埃莉诺 10 分；艾尔伯特叔叔 0 分。

但我并不为此感到难过，因为这不是一个科学问题。我知道这听起来像是一个科学问题，但实际上它并不是一个科学问题。科学不会回答这样的问题——这就是为什么我认为它只是"半个"问题。